선생님하고 나는 친하니까

선생님하고 나는 친하니까

15년 차 특수교사와 아이들의
환장하게 행복한 하루들

권용덕 에세이

소소한소통

일러두기

- 저자를 제외하고 이 책에 나오는 사람의 이름은 모두 가명입니다.
- 특수교육에서 사용하는 단어를 설명할 때 『특수교육학 용어사전』을 참고했습니다.

특수학교에서 5년을 지낸 뒤
일반학교 특수학급으로 가게 된 첫해,
스승의 날에 처음으로
그림이 아닌 편지를 받았다.
떨리는 마음으로 편지를 열었다.

선생님, 지금처럼 특수교사 생활
열심히 해 주세요.

네, 잘 알겠습니다.
나는 제자가 시키는 대로 하기로 했다.

특수교육에는 이런 노력이,
이런 행복이, 이런 삶이 있구나 하고
알게 되면 좋겠어요.

영석이에게서 전화가 왔다. 목소리에 기운이 없길래 무슨 일이 있냐고 물었다. 오늘 출근한 사람이 적어서 일을 많이 하는 바람에 힘들었단다. 힘들었겠다, 고생 많았다고 하니,

"아이 뭐, 다 그런 거예요~"

그런다. 그리고는 잠시 머뭇거리더니 오늘 아침에 지각했다고 했다. 혼났냐고 물어봤더니 무슨 혼이냐며, 본인은 아침에 늦잠을 잤고 팀장에게 전화로 늦잠을 자서 조금 늦을 것 같은데 열심히 가겠다고 했단다. 너무 잘했다고, 누가 그렇게 가르쳐 줬냐고 했더니,

"권용덕."

이라고 답한다. 하하하하하하하하하하- 하고 함께 웃고 있는데 전화기 너머로 들려오는 소리,

"뚜-뚜-뚜-뚜-"

전화 예절은 좀 더 배워야겠다.

2021.9.21.

저는 특수교사입니다. 특수학교, 특수학급, 특수교육지원센터, 순회교육, 장애학생 통합형 직업교육 거점학교를 담당하며 아이들과 15년째 함께하고 있습니다. 대학 시절, 장애인권을 위한 학생운동을 하며 아이들의 부모님들을 많이 만났습니다. 부모님들의 이야기를 들으며 현장에 어려움이 많다는 걸 깨닫고 아이들에게 정말 필요한 교사가 되어야겠다고 다짐했습니다.

아이들이 학교를 졸업하고 지역사회에서 평등하고 행복하게 살아가도록 길을 닦아 주는 그런 교사가 되고 싶었습니다. 교사가 된 후 아이들과 함께 행복한 학교생활을 하고 있지만, 이 학교생활 이후 준비되지 않은 막막한 미래를 돕는 것 역시 교사의 몫이라고 생각해 아이들의 주거, 여가, 건강, 자립 등을 위해서도

나름대로 열심히 활동하고 있습니다.

아이들과의 즐거움은 하루에도 수십 번 생겨납니다. 언론에서 그려지는 어둡고 슬픈 장애 이야기는 찾아볼 수 없습니다. 그렇다고 마냥 즐겁지만도 않습니다. 교사도 학교라는 직장에 다니는 직장인으로서, 직장인이라면 누구나 겪게 되는 고충도 있기 마련입니다. 아이들과 부모님들에게 상처를 받기도 하고요. 사람들은 묻습니다. 이렇게 힘든 일을 계속, 열심히 하게 되는 원동력은 무엇이냐고.

저는 망설임 없이 대답합니다. "힘듦을 넘어서는 즐거움"이라고.

이 책은 그런 즐거움을 다루고 있습니다. 우리가 보고 들어 왔던 슬프고 어두운 이야기가 아닌 즐겁고 웃음이 묻어나는 이야기로 가득 차 있습니다. 아이들과 함께하는 학교는 매일 새롭고 매일 즐겁습니다. 장애에 대한 부정적인 이미지를 벗기고, 장애를 가진 아이들 그리고 이 아이들과 함께하는 우리가 행복하게 살아가고 있다는 걸 보여 드리고 싶어 부족하지만 용기를 내 펜을 들었습니다.

15년 동안 특수교사로 살면서 느낀 나름의 생각들도 담았습니다. 어설픈 제가 쓴, 어설픈 글이지만 이

책을 통해 장애에 대한 편견이 사라지길 바랍니다. 누구나 평범하고 행복한 일상을 누리는 차별 없는 세상을 만드는 데 도움이 된다면 좋겠습니다.

저는 15년 동안 정말로 즐거웠습니다. 저의 즐거운 나날들이 여러분에게 또 다른 즐거움을 드릴 수 있다면 바랄 게 없겠습니다.

용어 설명

일반학교·특수학교·일반학급·특수학급

일반학교에는 **일반학급**이 기본적으로 있고, 특수학급이 있는 경우도 있다. **특수학급**은 일반학교 내에 있는 별도 학급으로, 장애학생과 비장애학생의 통합교육을 위해 일반학교에 설치된 학급이다.
특수학교는 장애학생만 다니는 학교로, 특수교육으로 운영되며 특수교사로만 구성돼 있다.

먼저 사실을 고백해야겠다. 다운증후군을 가진 첫째가 내 곁에 오기 전까지 나는 이 이야기에 관심이 없었다. 특수교육이 무엇인지, 통합수업이 무엇인지 알지 못했고 알아보려 하지 않았다. 딸아이는 벌써 초등학교 2학년이 되었다. 지역에 있는 특수학교에서 훌륭한 선생님과 멋진 친구들과 함께한다. 거기에도 권용덕 샘이 있고, 수길이와 민권이, 대우와 민서가 있을 것이다. 샘과 친구들이 있는 그곳에 아침마다 아이를 보낸다. 내 곁에 온 아이를 비로소 세상에 보내는 기분이다. 거기에 별반 다르지 않은 세상이 있다는 걸 이 책은 알려준다. 특수교육 현장에서 아이들은 목표를 이루기 위해 노력하고, 취업을 준비하고, 다이어트를 하거나 첫사랑의 열병에 빠진다. 그리고 이 친구들 곁에 특수교육 선생님이 있다.

다시 사실을 고백해야겠다. 이 책을 읽기 전까지 다운증후군 소녀의 아버지임에도 불구하고, 특수교육의 현장을 잘 몰랐다. 이제야 조금 알 것 같다. 그 행복과 노력을, 고단함과 보람을. 권용덕 작가의 유머러스한 문장과 단단한 태도가 이 빛나는 알아감에 큰 도움이 되었다. 우리는 서로를 조금 더 알아야 한다. 실제 이름은 아니라지만, 권용덕 선생님의 제자 이름을 하나하나 불러보았다. 친구들을 좀 더 알게 된 것만 같아 뿌듯하다. 그리고 딸의 이름을 붙여서 부른다. 우리는 같이 있다. 친한 친구들과 또한 친한 선생님과 함께.

서효인 작가

대한민국이라는 이 땅에서 발달장애(자폐성장애)를 가지고 있는 남매를 키운다는 건 매일 도전의 날을 산다는 뜻이다. 그 도전은 여전히 현재 진행형이다. 아이들이 장애 판정을 받았던 날부터 중학생, 고등학생이 된 지금까지, 사실 지난날 동안 아이들의 꿈을 이야기하는 것은 뜬구름 잡는 것 같다고 느낄 때가 많았던 것 같다. 하지만 이 책을 읽으며 아이들의 꿈을, 그리고 아이들과 함께 그려 나갈 나의 꿈을 조심스럽게 상상해 보았다.

아이들에게 시와 자전거를 가르치는 선생님을 보며 달달한 로맨스 영화가 떠올랐다. 아이들을 씻기고 똥을 치우는 에피소드에서는 액션 영화가, 스승의 날 편지 내용을 읽을 때는 해피엔딩의 드라마가 그려졌다. 특수교사라는 직업의 비애와 학교 폭력 이야기를 들을 때는 내가 범죄 느와르 영화의 주인공이 되어 나쁜 사람들을 다 물리쳐 주고 싶었고, 아이들의 취업과 독립을 위해 계속해서 관심을 쏟으며 지원하는 선생님의 모습에서는 대하역사 드라마가 보였다. 또 앞으로 권용덕 선생님과 아이들이 함께할 시간은 어떤 영화로 그려질까? 모든 주인공이 행복한 해피엔딩을 맞이할 수 있을까?

장애 자녀를 키우는 부모님, 장애인의 삶에 동행하고 계시는 모든 지원사분들, 오늘도 현장에서 고군분투하는 특수교사와 통합학급 교사, 그리고 장애와는 직접적인 연결점이 없더라도 하늘을 올려다 보며 미소 한번 짓고 싶은 모든 분들과 이 책을 나누고 싶다.

꿈고래놀이터부모협동조합 대표 일꾼 임신화

차례

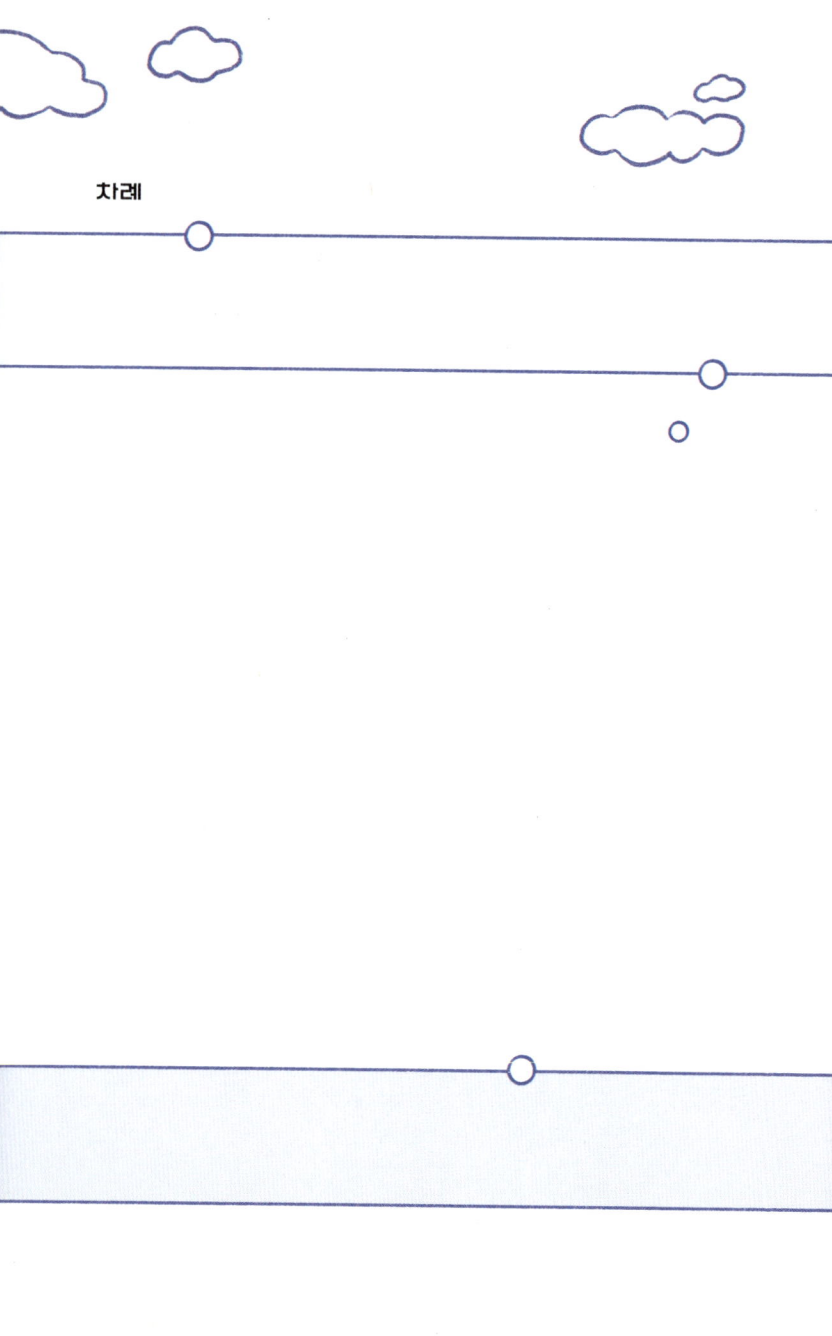

1부

꼭, 무엇이 되지 않아도

꼭 무엇이 될 필요는 없어.
하지 못하면 큰일 날 일도 없지.
겨울이 지나고 핀 봄꽃처럼
꽤 고된 이 세상에서 자기답게 사는 것만으로
충분히 멋지고 소중해.
자전거를 타고 한강을 달리는,
지하철을 타고 학교를 오가는,
이미 넌 그 자체로 소중한 존재야.

수길

수길이는 늘
뽀송뽀송한 모습에
단정한 옷차림이었다.

이름	정수길
학년	중학교 3학년
가족	이모, 사촌 누나
좋아하는 것	짝꿍 지민이, 쥐포
잘하는 것	대답
꿈	자전거로 한강 일주, 이모와 카페 차리기
생활신조	청결만이 살길이다.
강점	정해진 규칙을 완벽하게 지킨다.
특징	일본 유학파

일본 유학파

수길이는 일본 유학파다. 어머니는 한국인이고, 아버지는 일본인이다. 일본에서 태어나고 자라다 초등학교 4학년 때 한국에 있는 이모 집으로 왔다. 일본에서 나고 자랐지만 일본말은 못 한다. 대신 일본판 유니클로 옷을 입고 다녔다. 수길이에게는 늘 깔끔하고 좋은 냄새가 났다.

일본말을 못 하는 이 유학파는, 한국말을 잘하는 것도 아니었다. 수길이는 "으- 으-" 하는 정도로 의사를 표현했다. 하지만 혼자서 학교생활을 할 수 있는 수준 높은 학생이었다. 복도에서 누군가를 만나면 무심하게 고개를 끄덕여 인사하고, 이동 수업이나 현장학습을 할 때면 움직이기 어려운 친구를 도와주는 착한 아이였다. 웃으면 두 눈이 사라질 만큼 눈웃음이 예쁜 수길이는 단연 모든 선생님의 사랑을 받았다.

이런 것들이 뭐 그리 대단하겠냐마는 특수학교•에서 이 정도의 매력이면 굉장히, 그것도 아주 많이 눈에 띈다. 나 역시 이런 수길이가 좋았다. 언제고 꼭 한번은 같은 반으로 만나고 싶었다. 수길이가 중학교 3학년이 됐을 때 우리는 드디어 만났다.

특수교육대상자의 교육을 위해 일반학교와 분리된 형태로 설립된 교육 시설

이모님의 소원

3월이 되어 새로운 아이들을 만나면 한 달 동안 아이들 각자에게 맞는 교육 계획을 세운다. 아이들의 특성을 이해하기 위해 아이들의 작년 담임 선생님에게 지난 학교생활이 어땠는지 묻기도 하고 학부모를 만나 상담하기도 한다.

학부모 상담 때는 학부모의 교육 목표와 기대치를 확인한다. 이런 과정을 거치며 개별화교육계획•을 세운다. 개별화교육계획은 장애학생 개개인에게 무엇을 어떻게 가르칠 것인가를 결정하는 계획인 만큼 아주 중요하다.

• 특수교육대상자의 장애 유형과 특성을 고려해 교육 목표, 교육 내용, 관련 서비스 등을 수립하는 교육 계획

3월 학부모 상담 주간에 수길이 이모님이 오셨다. 이모님은 전부터 학교에서 여러 활동을 하고 계셨던 터라 안면은 있었지만 대화를 나눠 본 적은 없었다. 온화한 미소와 투박하지만 따뜻한 말투로 인기가 많은 분이었다. 만나기로 한 시간에 노크

소리와 함께 이모님께서 문을 열고 들어오셨다. 언제나처럼 온화한 미소로 인사를 건네셨고, 나는 따뜻한 차를 내어 드렸다. 이모님은 자리에 앉자마자 말씀하셨다.

"선상님, 다 되았고이, 수길이 자전거만 타게 해 줘."

전에 있었던 어떤 사건(152쪽을 보시라.)을 직접 지켜보신 수길이 이모님은 나에 대한 신뢰가 높으셨다. 다른 건 다 믿고 맡기신다며 딱 하나, 자전거 타는 법만은 꼭 배웠으면 좋겠다고 하셨다. 집 앞에 한강 공원이 있는데 거기서 자전거는 꼭 타 봐야 하지 않겠냐며, 한참을 자전거 얘기로 웃고 떠들다 상담이 끝이 났다. 이모님의 소원대로 수길이의 목표는 자전거 혼자 타기, 더불어 나의 목표는 수길이와 함께 한강에서 자전거 타기다.

한강에서 만나

중학생 수길이의 교육 목표는 늘 '자전거 타기'였다. 이모님은 오로지 그것만 달성하면 된다고 하셨다. 사람마다 차이는 있지만 보통은 자전거를 배우는 데 일주일 정도 걸린다. 내가 지켜본 수길이는 운동 신경이 좋아서 금방 배울 것 같은데 3년 동안 목표가 바뀌지 않은 이유는 뭐였을까. 뭔가 다른 어려움이 있을 거란 생각이 들었다.

점심시간에 운동장에서 자전거 연습을 시작했다. 왜 못 배웠는지는 금방 알 수 있었다. 누구든 수길이의 무게를 감당하는 게 어려웠겠지. 수길이는 체격이 좋아서 무게가 꽤 나간다. 아무래도 균형을 잡는 데 서툴다 보니 자전거를 잡아 주는 사람이 힘이 많이 든다. 그래도 살면서 자전거는 타 봐야지. 서울 사는데 한강은 달려 봐야지.

점심시간과 체육 시간을 활용해 매일 한 시간씩 연습을 했다. 그렇게 한 달쯤 지났을까. 따뜻한 4월의 어느 날, 드디어 수길이는 혼자서 자전거 타기에 성공했다. 뒤에서 손을 놓은 줄도 모르고 비틀거리면서도 잘만 나아갔다. 내 손을 떠나 멀어져 가는 수길이는 당장이라도 한강으로 달려갈 기세였다.

비록 보통보다 시간은 더 걸렸지만, 보통은 그냥 보통이다. 느린 건 문제 될 게 없다. 수길이는 느릴 뿐 뭐든지 해 볼 수 있다. 가르치는 사람도, 배우는 사람도, 하고자 하는 마음과 열정만 있다면 언젠가 작은 변화를 마주할 수 있다. 운동장 밖에서 수길이를 지켜보던 이모님은 너무나 기뻐하셨고, 수길이는 아는지 모르는지 여전히 비틀거리며 나아가고 있었다.

보통 사람, 보통 기준

보통, 사람이 태어나면 학교를 가고, 졸업하고, 취업하고, 결혼하고, 아이를 낳아 기르고, 그렇게 보통의 삶을 살아간다고들 한다. 근데 '보통'은 뭘까? 장애와 보통은 어떤 상관이 있을까?

세상이 변하고 산업화가 진행되면서 평균이라는 개념이 생겼다. 통계학이 발전하면서 평균의 개념은 더욱 명확해졌고 이게 모든 것의 기준이 됐다. 부의 축적을 위해 고용주는 당연히 임금에 상응하는 근로 능력 이상의 사람을 선호하게 됐다. 이로 인해 평균 이하의 근로 능력을 가진 장애 당사자들은 사회생활에 어려움을 겪게 됐다. 이런 상황이 되풀이되면서 장애에 대한 낙인은 더 견고해졌다.

이런 선입견과 잘못된 인식은 무섭게도 무의식 중에 다음 세대로 전달돼 계속해서 사라지지 않고 있다. 지금은 장애인들에게 많은 복지와 혜택이 주어지고 있다며 세상이 좋아졌다고들 한다. 하지만 생각해 보면 장애인에 대한 복지도 비장애인들이 장애인의 삶을 판단하고 구분하면서 선심 쓰듯 만들어 가고 있다. 그나마 행동하는 당사자들 덕분에 조금씩 바른 방향으로 흘러가고 있으니 다행이다. 그래도 정책을 결정하는 사람 중에서는 당사자를 찾기가 어렵다. 아니, 당사자의 목소리에 귀 기울이는 사람도 잘 없다. 선거철이면 장애인 단체를 찾아와 인심 쓰듯 말하고, 걱정하는 척하며 표를 받아 가려는 의원들의 모습은 이제 그만 보고 싶다.

장애는 왜 이렇게 많은 사람에게 이용당하나 모르겠다. 필요하면 당겨 쓰는 대출 같은 건가. 그렇다고 이자 쳐서 갚지도 않는데. 아니지, 원금도 안 주는 것 같은데 억울하다. 보통과 평균에 의한 기준은 이제 사라져야 하지 않을까. 보통 사람이 아닌 모두를 위한 기준이 필요할 때다.

손수건 사용법

수길이는 늘 뽀송뽀송한 모습에 단정한 옷차림이었다. 바지 주머니에는 항상 손수건이 있었다. 손수건으로 땀이나 손에 묻은 물방울을 닦았다. 가끔은 그 손수건으로 나를 포함한 주변 사람들도 챙겨 줬다. 이모님에 의하면 수길이가 일본에서 특수교육을 받을 때 손수건 사용법을 배워 늘 들고 다니는 거라고 했다.

역시 일본은 마음에 좀 안 들어서 그렇지, 선진 특수교육이구나.

어느 날 화장실에서 만난 수길이는 평소처럼 소변기 앞에서 볼일을 보고 있었다. 나도 옆에 서서 함께 볼일을 봤다. 수길이가 먼저 일을 마쳤다. 소변 방울을 탈탈 털어 내더니 손수건을 꺼내 거기를 슥슥슥 닦았다. 그렇다. 소변 방울도 수길이에겐 제거 대상이었던 거다.

그동안 수길이가 내 얼굴의 땀을 닦아 주던 아름다운 추억들이 주마등처럼 스쳐 지나갔다. 입에 묻은 것도 닦아 줬었는데….

역시 일본은 믿을 게 못 된다.

이모님의 또 다른 소원

학부모 상담을 마치고 얼마 지나지 않아 이모님이 다시 찾아오셨다. 온화한 미소로 내게,

"선상님, 다 되았고이, 어떤 여자 좋아혀?"

수길이에겐 사촌 누나가, 그러니까 이모님의 딸이 있는데 오늘의 주제는 그 딸(과 나)의 결혼이었다. 이모님은 목표를 향해 마구 달리는 대장부 같은 모습으로 중매를 서셨다. 한참 동안 딸의 인생 이야기를 들었다.

"지금은 제가 수길이의 담임이니 내년에 다시 이야기 나누면 어떨까요?"

그렇게 수길이의 교육 상담을 시작하려 하니,

"선상님 잘하는 건 다 알고 있당께. 우리 딸이 말이여…."

하시며 딸의 홍보를 계속하셨다. 그렇게 또 한 번의 상담이 끝났다. 이모님의 목표는 딸의 결혼, 수길이의 목표는 자전거 혼자 타기, 나의 새로운 목표는… 수길이 누나와의 소개팅을 내년으로 미루기…?

조공과 분노

이모님은 나를 사위로 삼기 위해 하루가 멀다 하고 맛있는 음식들을 딸의 소식과 함께 전해 주셨다. 이야기 끝엔 항상 윙크를 날리시며, 한 번만 딸을 만나 보라고 하셨다. 그때 수길이가 일반학교 학생처럼 중학교를 졸업하고 다른 고등학교로 갈 거였다면 이모님의 권유를 기쁘게 받아들여 장모님으로 모셨을지도 모른다. 중고등학교가 통합돼 있는 특수학교 특성상 수길이를 고등학교에서도 만날 수 있는 상황에서 당장 소개팅을 할 수는 없었다.

약속은 계속해서 미뤄졌고, 그 사이에 나는 연애를 시작했다. 내 연애 소식을 알게 된 이모님은 한동안 나를 싸늘하게 대하셨다. 다음 해 나는 결혼이란 걸 하게 됐다. 이모님이 어느 날 찾아오셨다.

"축하혀. 어디 잘 사나 두고 보자구."

저는 잘 살고 있어요, 이모님. 수길이도, 수길이 사촌 누나도 잘 살고 있죠?

상큼한 과일의 향과 맛이 나요

수길이는 항상 짝꿍 지민이를 따라 했다. 수길이도 선생님에게 인기 있는 학생이었지만 지민이를 따라갈 순 없었다. 지민이는 선생님의 칭찬을 많이 받는, 항상 중심이 되는 아이였다. 수길이는 그런 지민이를 보며 열심히 따라 했다. 선생님에게 칭찬을 갈구하는 눈빛을 보내며 말이다. 그 눈빛을 보면 칭찬으로 답할 수밖에 없다. 칭찬을 경험한 수길이는 지민이를 더 열심히 따라 했다. 그렇게 수길이의 사랑스러움은 날로 커져 갔다.

지민이의 꿈은 바리스타였다. 요즘도 그렇지만 그 당시 열에 일곱의 꿈이 바리스타일 정도로 바리스타는 최고 인기 직업이었다. 지민이 엄마의 꿈이기도 했다. 사실, 엄마의 꿈이 아이의 꿈이 된 격이다. 우리 아이들은 부모나 교사의 권유로 진로가 정해지는 일이 많다. 아이들이 원하는 것과 상관없이 부모와 교사가 권하고 가르치는 게 '꿈'이 돼 버린다. 우리 사회에 아이들이 선택할 수 있는 직업이 많다면 이렇게까지 하나의 직업이 각광받는 일은 없을 텐데 아쉬울 따름이다.

지민이는 이미 어머니가 속한 부모회가 운영하는 카페에서 바리스타 교육을 받고 있었다. 덕분에 학교에서 하는 바리스타 교육 시간이면 늘 앞장서서 수업을 이끌었다. 지민이가 직접 내린 아메리카노를 내어주며 묻는다.

"선생님, 제 커피 어때요?"

나는 늘 되묻는다.

"지민이는 지민이가 내린 커피가 어때?"

돌아오는 대답은 항상 이거다.

"상큼한 과일의 향과 맛이 나요."

부모회 카페에서 그렇게 배웠는지 늘 이렇게 대답한다. 상황이 바뀌어도 암기한 내용을 활용하는 모습이 대견스럽다. 내 입엔 그냥 쓰고 신맛이다. 지민이의 멋진 대답을 듣고 나면 이젠 수길이의 차례다. 서툰 솜씨로 내린 커피를 내밀며 '제 커피는요?'라고 묻는 양 "으- 으-" 하는 소리를 낸다. 칭찬을 갈구하는 눈빛도 잊지 않는다.

"커피 맛이 어떠냐고? 완전 맛있지!"

*

하루는 연구실에서 커피를 마시고 있는데 지민이가 뭘 물어보러 왔다. 내 커피를 보고 또 이렇게 묻는다.

"선생님, 커피 맛이 어때요?"

"지민이가 마셔 보고 얘기해 주는 건 어때?"

"음~ 상큼한 과일의 향과 맛이 나요. 선생님은 어때요?"

어느새 '음~'이라는 감탄사도 배웠나 보다. 지민이가 돌아가고 나는 남은 믹스커피를 마셨다. 달달하니 아침엔 역시 믹스커피다.

지민이는 지금 바리스타가 아닌 다른 일을 한다. 본인의 일을 누구보다 사랑하며 열심히 일하고 있다. 7년이 지난 지금도 우리는 가끔 만나서 밥도 먹고 지나간 이야기도 하며 서로의 안부를 묻는다. 지민이는 그때 내가 마시던 커피가 믹스커피인 줄 알았을까? 문득 궁금함이 밀려온다.

참, 수길이 커피 실력은 좀 늘었나? 이모랑 카페 차리고 싶다더니!

선택의 기준

우리는 누구나 일하며 산다. 일은 인생에서 많은 부분을 차지하기에 우리는 직업을 선택할 때 이왕이면 본인이 좋아하고 잘할 수 있는 일을 하기 위해 노력한다. 본인의 목표를 정하고, 목표를 달성하기 위해 또 다른 목표를 정한다. 이 과정들이 잘 이뤄지면 인생에서 많은 시간을 내가 좋아하는 일을 하며 보낼 수 있게 된다. 우리 아이들도 이런 과정을 겪게 될까? 아이들은 어떤 기준으로 직업을 선택할까?

많은 아이들이 부모와 교사의 권유로 직업을 선택한다. 아이의 특성을 잘 파악해 잘 맞는 직업을 권유한다면 좋겠지만, 주로 사회에서 인기 있고 각광받는 직업 혹은 부모와 교사가 지도하기에 편한 직업을 권한다. 만약 새로운 사람을 두려워하고 대인관계 맺기를 어려워하는 아이가 사회에서 인기 있다는 이유로 바리스타를 하게 된다면 그 아이는 꽤 괴로운 시간을 보내게 될 거다. 인생에서 많은 시간을 말이다.

직업을 선택하는 기준은 본인에게 있어야 한다. 부모나 교사의 꿈이 아닌 본인의 꿈을 이루고 살아야 한다. 누구나 본인이 좋아하고 잘하는 일을 직업으로 삼아야 행복할 것이다. 누구에게나 일할 권리가 있고 그 권리에 따라 하고 싶은 일을 선택할 권리도 있다. 우리는 흔히 나(부모와 교사)의 꿈이 아이에게 가장 이롭다는 잘못된 생각을 한다.

아이의 미래와 행복을 위해서 (우리가 생각하는) 좋은 직업을 대신 선택해 주는 건 결코 현명한 일이 아니다. 아이가 잘하는 것과 좋아하는 것을 끊임없이 관찰하고 살피며 아이의 특성을 알아가는 게 먼저다. 그렇게 된다면 아이에게 맞는 직업을 더욱 쉽게 찾을 수 있을 것이고, 아이는 조금 더 행복한 미래를 살게 될 것이다.

결국 사람

졸업할 무렵 수길이는 자전거를 잘 타서 학교 밖에서도 타고 다녔다. 키도 많이 커서 나와 나란했던 어깨가 내 턱 밑까지 올라왔다. 이모님께서는 헤어지는 걸 몹시 아쉬워하시며 한 번 더 담임을 해 달라고 하셨다. 수길이가 좋아할지 의문이지만 말이다.

수길이와 함께했던 반은 내가 교사가 되어 만났던 반 중에 몸도 마음도 가장 편한 반이었다. 부모님들이 무척 잘 도와주셨으며 아이들의 변화와 성장도 눈에 띄게 좋았다. 부모님의 관심과 사랑은 아이에게 큰 힘이 된다. 보조 선생님 역시 부모님처럼 따뜻하게 품어주는 분이었기에 아이들도 집에서처럼 편안한 마음으로 학교를 다닐 수 있었던 것 같다.

아이들을 교육하려면 공부도 노력도 필요하지만 결국 모든 건 사람에 달렸다. 학생, 부모, 교사… 사람에 따라 그해 결실이 결정되는 듯하다. 좋은 사람들 덕분에 지친 몸과 마음이 힘을 얻은 한 해를 보냈다.

민권

뚱뚱하면 안 돼요.
뚱뚱하면 안 돼요.
안 돼요. 뚱권이 안 돼요.

이름	김민권
학년	고등학교 2학년
가족	엄마, 아빠, 여동생
좋아하는 것	치킨, 피자, 햄버거, 지하철
잘하는 것	지하철 노선도 외우기
꿈	시인
생활신조	두 그릇은 안 돼.
강점	상대방을 늘 즐겁게 해 준다.
특징	세계 각국의 지하철 노선도를 외운다.

시인

국어 시간. 개정된 국어 교육 과정에는 시에 대한 직접적인 학습이 없어서 이전 교과서와 일반 교과서를 재구성해 시를 가르치고 있다.

시를 배우고 쓰기까지는 두 달 정도 걸린다. 일단 시란 무엇인지 배운다. 그다음 직접 경험한 것을 글로 적는 연습을 한다. 글이 완성되면 그것을 시의 모양으로 다듬는다. 시의 중요한 특징인 운율을 살리는 것도 빼먹지 않는다. 글 쓰는 게 어려운 아이와는 이야기를 주고받으며 소재를 만든다.

"민권아, 요즘 재미있었던 일 있니?"

"일본, 일본에 다녀왔어요."

"일본에 다녀왔구나. 뭐가 좋았어?"

"다코야키 먹었어요."

"와, 맛있었겠다. 엄마랑 같이 먹었어?"

"아니야, 민권이 혼자 먹을 거야."

"맛있었니?"

"맛있었어요."

"얼마만큼 맛있었어?"

"환장하겠네."

지하철을 좋아하는 민권이는 얼마 전 수학여행 대신 가족과 일본으로 지하철 여행을 다녀왔다. 근데 의외로 지하철보다는 먹는 게 더 좋았던 모양이다. 다코야키를 먹은 기억을 살려 <다꼬야끼>라는 훌륭한 시를 탄생시켰다. 여러 해 아이들과 시 공부를 하고 있는 지금까지도 이 시가 단연 최고의 시다.

시 수업을 안 했으면 큰일 날 뻔했다. 환장하겠네.

다꼬야끼

-김민권

달콤한 다꼬야끼
한 판에 10개
민권이 혼자 다 먹을 태야
사랑의 타코야끼
환장하겠네

인생에 있어서 '시'

우리는 살면서 얼마나 자주 시를 접하게 될까?

우리 아이들에게는 아이들 맞춤으로 만든 교과서가 있다. 일반학교 교육 과정이 만들어지는 것처럼 특수학교 교육 과정이 만들어지고, 일반학교 교육 과정에 근거한 교과서가 만들어지듯 특수학교 교육 과정에 근거한 교과서가 만들어진다.

교육 과정도 시대의 흐름에 따라 변한다. 다양하고 많은 분야를 가르치기를 중요하게 생각하는 때가 있는 반면, 실생활을 강조해 필요한 것만 가르치자는 때도 있다. 지금 교과서에는 시를 가르치는 내용이 없다. 이전 교육 과정에는 시를 가르치는 단원이 두 단원 있었는데, 이번 교육 과정에는 실생활을 강조한다는 명목으로 시 단원이 빠졌다. 뒤집어 해석하면 우리 아이들의 실생활에는 시가 굳이 필요 없다는 의미 아닌가. 하지만 우리 아이들은 오늘 아침에도 지하철을 기다리며 스크린도어에 적힌 시를 읽었을 텐데. 아이들은 시를 쓰는 게 익숙하지 않을 뿐 일상 속에서 이미 많이 접하고 있다. 시는 인생을 더 풍요롭게 만들어 주기 때문에 꼭 필요하다고 생각한다.

나는 아이들과 시를 공부하고 있다. 우리는 직접 겪은

일 중에 기억나는 걸 함께 이야기하고 그때의 감정을 떠올리며 글을 써내려간다. 이렇게 쓴 글을 다듬고 중요한 낱말과 문장을 고르며 조금씩 시로 조각한다. 시에 어울리는 그림을 그려서 배경도 꾸민다. 시는 어렵지 않다. 내가 경험하고 느낀 걸 내가 표현하고 싶은 방법으로 표현하면 되는 것이다. 아이들의 모습이 각자 다른 것처럼 아이들이 쓴 시도 가지각색이다. 우리는 어느 겨울 교내 카페에서 시화전을 하면서 함께 낭독하고 감정을 나누며 서로 공감했다. 겨우내 카페에 걸어 둔 시는 학교 선생님들의 감탄을 불러일으켰다.

시가 어려운 건 어렵게 보려고 하기 때문이다. 우리 아이들이 못할 거라고 생각하면 못할 것이고 할 수 있다고 생각하면 할 수 있을 것이다. 주문을 걸어 보자.

“할 수 있다~ 할 수 있다~”

이름을 지키는 방법

민권이는 내가 특수학교를 떠나 특수학급•에 처음 왔을 때의 어색함을 상쇄시켜 준 고마운 아이다. 특수학급의 학생들은 특수학교보다 상대적으로 장애가 경증인 편이다. 오랫동안 특수학교에서 지내서 그런지 특수학급으로 오니 학교의 모습이 어색하고 낯설기도 했다. 하지만 이런 내게 민권이가 있었다. 함부로 장애의 정도를 판단하고 쉽게 학교와 학급의 차이를 따질 순 없지만 민권이는 특수학급에 온 아이치고는 장애가 중증인 편이었다. 다른 친구들보다 손이 많이 가서 정이 갔다. 내겐 학교와 학급을 이어주는 연결 고리 같았다.

• 특수교육대상자의 통합교육을 위해 일반학교에 설치된 학급

민권이는 자폐성장애를 가졌다. 어머니의 지속적인 교육과 훈련으로 원칙에 따라 학교생활을 잘 해내고 있었다. 다만 식사 시간이 문제였다. 맛있는 것만 골라 먹고 추가 배식을 계속 요구해 급식 질서를 무너

뜨렸다. 결국 학교 측에서 볼멘소리가 흘러나왔다. 민권이의 점심 식사에 간섭해야 했다. 먹는 걸 조절하자고 했으나 본능 앞에 교사도 없었다. 나보다 덩치가 좋은 민권이는 힘으로 밀어붙여 가며 밥을 더 달라고 했다. 다른 학생이 있는 곳에서 훈육하기가 그래서 식사가 끝난 후 앉혀 놓고 이야기했다. 요지는 식사를 지나치게 많이 하면 살이 찌고 건강이 나빠진다는 뻔하디 뻔한 것이었다.

"민권아, 뚱뚱해지면 어쩌냐." (이미 90킬로그램을 향해 가고 있지만.)

이 말을 들은 민권이가 갑자기 연신 말한다.

"뚱뚱하면 안 돼요. 뚱뚱하면 안 돼요."

"민권이 너, 한 그릇만 먹는 게 좋아. 두 그릇, 세 그릇 먹으면 어떻게 되겠어?"

"한 그릇 먹으면? 두 그릇 먹으면?"

되묻기 시작한다. 순간 장난기가 발동해,

"한 그릇 먹으면 민권이, 두 그릇 먹으면 뚱권이."

그랬더니 난리가 났다.

"안 돼요. 뚱권이 안 돼요."

그렇게 민권이는 뚱권이가 싫어서 먹는 양을 줄였다. 그 후로 민권이는 식당에 가기 전에 항상 내게 물었다.

"한 그릇 먹으면? 두 그릇 먹으면?"

"한 그릇 먹으면 민권이, 두 그릇 먹으면 뚱권이, 세 그릇 먹으면 뚱뚱권이, 네 그릇 먹으면 뚱뚱뚱권이~"

"싫어요. 싫어요."

민권이는 그렇게 사라진 턱선과 허리를 되찾기 시작했다.

서번트 증후군?

서번트 증후군은 장애를 가지고 있음에도 특정 영역에서 천재성이나 뛰어난 재능을 보이는 증후군이다. 대개 지능은 평균 내지 평균 이하이나 미술, 음악, 암기, 암산 등의 다양한 영역에서 비상한 재능을 보인다. 흔히들 천재자폐라고도 한다.

민권이는 그 복잡한 수도권 지하철 노선도를 다 외우고 있다. 예를 들어 "왕십리"라고 외치면 자동으로 "2호선, 5호선, 분당선, 경의중앙선"이라고 대답한다. 근데 혼자서 지하철은 못 탄다. 서번트 증후군일까, 아닐까?

서번트 증후군은 좋은 걸까? 능력이 남들보다 뛰어난 것이니 그냥 천재라고 하면 안 될까? 비장애인이 어떤 분야에서 천재성을 보인다고 해서 그를 따로 지칭하지는 않는다. 천재적이다, 뛰어나다 정도의 수식어가 붙지 그에게 ○○○ 증후군이라고 하지 않는다. 근데 왜 장애인은 굳이 이렇게 분리하는 걸까? 다른 표현으로 부르면 뭔가 있어 보이는 걸까?

서번트 증후군이라고 하면 뛰어난 재능을 보인다는 것이니 박수야 받을 수는 있겠지만 장애를 이해하고 받아들이는 데는 아무런 도움도 되지 않는다. 애초에 장애와 비장애를 나누는 행위에서 이미 차별이 생겨났는데 서번트 증후군 같은 새로운 단어를 만들어 또다시 분리하는 건 나는 반대다. 그냥 다 같이 천재! 라고 이야기하면 좋겠다. 지하철 다 외우면 지하철 천재!

참, 민권이는 졸업 후 복지관에서 운영하는 평생교육 형태의 대학에 다녔는데 그곳에서 개최한 지하철 외우기 대회에서 우수한 성적을 거뒀다고 한다.

진정한 천재로의 도약

민권이는 지하철에 대한 지식이 풍부하고 지하철 노선도 없이도 머릿속에 경로를 그릴 수 있었다. 지하철을 혼자서 타지 못하는 건 기회와 경험이 부족한 탓이었다. 언제까지 보호자와 함께 다닐 수만은 없다. 민권이도 앞으로 성인이 되어 스스로 삶을 영위할 수 있어야 한다. 이를 위해 이동 능력은 아주 중요하기에 어머니를 설득해 대중교통 교육을 하기로 했다.

당시 민권이는 화요일마다 학교 밖으로 직업 교육을 받으러 나갔다. 이 시간을 활용하기로 했다. 교육이 끝나고 집으로 돌아갈 때 지하철 타는 방법을 배우면 좋을 것 같았다. 나 혼자 왔다 갔다 하며 직업 교육기관에서 민권이네 집까지 오가는 길을 익힌 다음 민권이만을 위한 맞춤 학습 자료를 만들었다. 이 자료를 함께 보며 여러 날 동안 지하철 이용 방법을 익혔다.

드디어 첫 번째 실전 날. 민권이와 지하철을 탔다. 환승하는 것과 지하철역 밖으로 나가는 것만 서툴 뿐

나머지는 훌륭했다. 성공적인 첫 실전을 기뻐하며 그 후로도 매일 학교에서 지하철 타는 법을 공부했다. 민권이가 들고 다닐 수 있도록 손바닥만 한 크기의 설명서도 만들었다. 지하철 타는 법, 환승하는 법, 지하철역 밖으로 나가는 법을 민권이가 이해할 수 있게 적어 뒀다. 혹시 몰라 목에 걸고 다니는 카드지갑에 길을 잃었을 때 도움을 요청할 수 있도록 안내문과 비상 연락처도 넣어 놨다.

두 번째 실전 날. 민권이와 함께 출발역으로 갔다. 이번에는 민권이 혼자서 지하철 역사로 들어갔다. 대신 어머니가 출발역에서부터 민권이 뒤를 몰래 따르며 살피기로 했다. 이번에도 민권이는 잘 해냈다. 이렇게 두어 번의 실전을 하고 나니 어머니가 따라다니지 않아도 될 정도로 제법 익숙해졌다. 그다음 실전에는 어머니께서 도착역 역사 안에서 기다리기로 했다. 역시 민권이는 도착역까지 무사히 도착했다. 조금 더 지나서는 어려워하던 지하철역 밖으로 나가는 출구를 찾는 것도 해냈다. 민권이는 날로 본인의 역량을 발휘했다.

이제 민권이는 혼자서 지하철을 타고 집에 갈 수 있게 됐다. 불과 세 달 만에 이뤄 냈다. 민권이는 이제 이론에만 치우치지 않는, 이론과 실행을 함께 겸비한 서번트, 아니 지하철 천재가 되었다.

교육하는 방법을 달리 하면 아이들은 더 많은 걸 할 수 있게 된다. 일률적이고 일방적인 방법이 아닌 배우는 이의 특성에 맞는 방법을 찾아 가르친다면 아이들은 분명 더 많은 걸 배우고, 할 수 있게 될 것이다. 민권이를 통해 이렇게 또 하나 배우고 간다.

100점 받는 그날까지

시험을 보는 이유는 높은 점수를 맞기 위함이 아니라 내가 모르는 게 무엇인지 깨닫고, 그것을 새로 알아가기 위함이다. 물론 모르는 걸 전부 알아야 할 필요는 없지만.

시험지를 받아 든 아이들은 각자의 방법으로 시험을 본다.

1. 시험지를 받기도 전에 한 번호로 답안지를 작성하는 아이
2. 지그재그로 답안지를 작성하는 아이
3. 마음 가는 대로 답안지를 작성한 뒤, 그 번호대로 시험지에 옮겨 적는 아이
4. 문제를 열심히 풀고 정석대로 답안지를 작성하는 아이
5. 문제를 열심히 풀고 마음대로 답안지를 작성하는 아이

우리의 천재 민권이는 2번 방법을 즐겨 썼다. 그렇다면, 위 아이 중에 어떤 아이가 가장 높은 점수를 받을까? 다들 예상했겠지만 1번 방법을 쓴 아이가 가장 높은 점수를 받는다. 찍어 본 사람은 알 거다. 확률 싸움이다. 안정적인 방법이 이기는 법.

우리 아이들에게 점수가 그렇게 중요하진 않지만 그래도 이왕 치는 시험, 점수가 낮은 것보단 높은 게 낫겠지 싶어 은근하게 1번 방법을 가르쳐 준다. 종종 수능 점수로 일반대학을 가는 아이도 있어 이런 방법을 알려 주는 게 나름대로 도움이 된다. 물론 처음부터 무턱대고 한 번호로 찍으라고 강요하지 않는다. 1학기 중간고사 결과를 보여 주며 1번 방법을 쓴 아이의 평균 점수가 높다는 걸 설명한 뒤에 이 방법을 권하는 편이다.

아이들은 그냥 한 번호로 작성하라고 하면 재미없어한다. 그래서 종종 시험 시작 전 이렇게 말한다.

“오늘 며칠이지?”

“1일이요~”

“그럼 오늘은 1번!”

물론 강요하진 않는다. 선택은 아이들 몫이다.

천재에게 시험이란

오늘은 민권이의 2학년 1학기 중간고사 3일 차.

"오늘 며칠이지?"

"1일이요."

"그럼 오늘은 1번!"

"싫어요. 싫어요."

민권이는 지그재그 방법을 고수한다. 변화를 싫어하는 편.

"민권이가 좋아하는 지하철역 이름은?"

"이번 역은 성수, 성수역입니다. 내리실 문은 왼쪽입니다. 디스 스탑 이즈 성수, 성수, 디 엑시트 도어즈 아 온 유어 레프트. 취~~(문 열리는 소리)"

"성수역은?"

"2호선! 2호선!"

"그럼 민권이는 2번!"

좋아하는 역은 매일 바뀐다. 신기하게도 민권이의 평균 점수는 다른 아이들보다 높은 편이다.

평가 조정이란 평가 본래의 목적을 해치지 않는 범위 내에서 평가 시간과 환경, 문항 제시와 답안지 제공의 방법 등을 조정하는 것과 같이 평가 전, 중, 후에 이뤄지는 모든 노력을 말한다.

평가 조정의 목적은 개개인의 특성을 고려한 평가 환경 및 절차 제공과 장애를 이유로 각종 평가에 대한 불이익 및 학력 왜곡 방지를 통한 장애학생의 학업성취도 향상이다. 「장애인차별금지 및 권리구제 등에 관한 법률」 제14조를 보면 "교육 과정을 적용함에 있어서 학습 진단을 통한 적절한 교육 및 평가 방법의 제공"의 내용도 포함돼 있다.

이런 내용이 실제로 현장에 적용돼 별도의 평가장 설치·운영, 대독·필독 평가, 보조 기기·보조 인력 지원 등으로 나타나고 있다. 시각장애 학생에게는 점자 문제지와 음성 평가 자료, 확대 문제지와 확대 독서기를 제공하고 1.5~1.7배만큼 시험 시간을 연장해 준다. 청각장애 학생에게는 듣기 평가를 필답 시험으로 대체해 주기도 하고, 지체장애 학생에게는 대필 평가를 지원하고 1.5배만큼 시험 시간을 연장해 준다.

그렇다면 학교 현장에 가장 많은 발달장애 학생들은 어떨까? 발달장애 학생에게는 이해하기 쉬운 정보 제공이 필요하다. 시험 문제를 이해하기 쉽게 내야 하는 것이다. 하지만 평가 본래의 목적을 해치지 않는 범위 내에서 이뤄져야 하니 문제 자체를 바꿀 수는 없다. 기껏해야 원하는 학생에게 평가 장소를 특수학급 교실로 바꿔 주는 정도다. 발달장애 학생을 위해 제공되는 평가 조정은 거의 없는 셈이다. 발달장애 학생이 평가 조정의 이런 현실을 문제 삼는다면 큰 문제가 될 수도 있겠지만, 사실상 성적에 큰 의의를 두지 않기에 지금껏 문제 되지 않고 있는 듯하다.

우리 아이들을 위해 시험을 쉽게 내면 아이들의 점수가 오르게 될 테고 그렇게 되면 비장애학생의 등급이 상대적으로 떨어지니 역차별이라 할 수도 있을 것이다. 성적 중심 입시 제도에서 결코 그냥 넘어가지 않을 것이다. 무엇이 정답인지 알 수는 없으나 현재 제도에서 해결되기는 어려워 보인다. 입시 제도가 변화된다면 우리 아이들도, 비장애학생들도 시험 걱정 없이 즐겁게 학교 생활을 할 수 있을 텐데 아쉬울 따름이다.

오늘도 아이들은, 읽을 수는 있지만 이해할 수는 없는 시험지를 받아 들고 오늘이 며칠이냐는 나의 물음에 신나게 대답할 뿐이다.

감사한 인사

그렇게 민권이가 고3이 되고, 드디어 졸업하는 날. 민권이는 많이 아파서 오지 못하고 어머니 혼자 졸업장과 앨범을 챙기러 오셨다. 민권이 어머니는 3학년 담임 선생님과 이야기를 한참 나누고 계셨다. 아무래도 인사할 시간이 없겠지 싶어 다음을 기약하려는데 어머니께서 나를 부르셨다.

"선생님, 제가 너무 힘들 때 선생님을 만나서 무사히 잘 이겨 낼 수 있었어요. 감사합니다."

너무 감사한 인사를 받았다. 사실 특수학급에 다니는 아이들은 비장애학생과 함께 생활하다 보니 부모님이 감당할 어려움이 많다. 그리고 민권이처럼 중증의 장애를 가진 아이들은 더 그렇다. 고등학교까지 특수학급을 무사히 마친 아이의 부모님, 특히 어머니는 정말 대단한 일을 하신 거다. 그래서 나는 졸업식이면 아이들보다는 그간 노력하신 부모님들께 감사하다고 인사를 드린다.

다음 해, 우연히 민권이가 다니고 있는 복지관 쪽으로 현장 학습을 가게 됐다. 혹시나 하는 생각에 주변을 두리번거리니 저 멀리 익숙한 모습이 보인다. 반가운 마음에 이름을 크게 불렀다.

"민권아~"

그랬더니 민권이가

"싫어요. 싫어요."

하고 저만치 도망간다. 덩치는 그대로인데 스피드는 더 붙었다. 민권이가 멀어져 가는 만큼 저 녀석 마음에서 내가 멀어진 것 같아 마음이 씁쓸하다. 민망한 마음에 민권이 장난기가 여전하다고 주변 사람들에게 변명하며 스스로 위로해 보네.

2부

누구나 그렇게 살아

우리는 누구나 그렇게 살아가.
평범하고 고만고만하게.
누구나 미래를 고민하며 취업을 준비하고
한 번씩 찾아오는 사랑에 열정을 불사르기도 하고
불사른 만큼 사랑에 아파하기도 하지.
거울에 비친 뱃살을 움켜잡고 흔들며
다이어트를 결심하지만 이내 포기하기를
수십 번 반복하는 것도 우리의 인생이야.
그래, 누구에게나 인생은 그런 거야.

대우

아~ 시원하다.
아~ 아~ 시원해~

이름	오대우
학년	전공과
가족	엄마, 아빠, 누나
좋아하는 것	순대
잘하는 것	<10월의 어느 멋진 날에> 모창
꿈	엄마랑 평생 살기
생활신조	다이어트는 내일부터
강점	항상 해맑고 행복하다.
특징	키 : 190cm 몸무게 : 200kg+α

포스 있는 사나이

발령받은 학교에 첫인사를 하는 날.

때마침 하교 시간이었는지 아이들이 우르르 내려오고 있었다. 서로 밀치며 내려오는 아이들을 비집고 열심히 계단을 오르다 마지막 남은 한 계단 위에서 나는 그를 처음 만났다. 짧게 자른 머리, 검게 그을린 피부. 그리고 190센티미터의 키와 200킬로그램을 넘어서는 몸무게의 포스. 대우와 마주친 순간 나도 모르게 뒷걸음질 치며 벽에 바싹 붙어 자리를 내어 줬다.

그땐 미처 알지 못했지. 대우가 학교를 대표하는 귀여움의 상징인 것을.

마스코트

대우는 귀여움을 빼면 시체라 불릴 만큼 귀엽다. 특히 흥이 많아 음악에 맞춰 덩실덩실 춤추는 모습이 몹시 매력적이다. 수업 중이든, 걷는 중이든 음악이 나오면 춤을 춘다. 심지어 지하철 안내 방송의 음악 소리에도 춤으로 화답한다. 대우만의 춤이 있다. 주먹 쥔 손에 엄지만 들고, 두 팔은 겨드랑이에 딱 붙인다. 음악이 나오면 리듬에 맞춰 큰 상체를 좌우로 파도 타듯 덩실거린다.

이뿐만 아니다. 대우는 윙크를 자주 날린다. 그 모습을 한 번도 못 본 사람은 있어도 한 번만 본 사람은 없다. 일단 한번 보면 다들 만날 때마다 윙크를 보여 달라고 떼쓸 정도로 귀엽다. 또 슬퍼 보이는 사람이 있으면 옆에 가서 안기며 애교를 부린다. 큰 덩치에 어울리는 큰 머리를 상대의 어깨에 기대고 "오잉, 오잉" 소리를 내면서 말이다.

그 당시 유행하던 영화 <미스터 고>의 주인공

과 똑 닮아서 별명이 '미스터 오'였다. 겨울에 노란색 모자를 쓰고 왔을 땐 만화 <드래곤볼>의 '인조인간 19호'와 판박이 같은 모습에 모두 배꼽을 잡고 웃었다. 대우는 그렇게 늘 사람들에게 즐거움을 주는 우리 학교의 마스코트다.

질량 보존의 법칙

대우는 사실 많이 먹지 않는다. 급식 시간에 먹는 걸 보면 배식받은 만큼만 먹는다. 가끔 반찬을 조금 더 먹는 수준이다. 움직이는 걸 싫어하기는 한다. 대우가 자기 의지로 움직이는 건 식사하러 가거나, 화장실을 가거나, 어디선가 음악이 들려와 몸이 자동으로 반응하는 때뿐이다. 그렇다 하더라도 몸무게가 200킬로그램이나 되는 건 의아한 일이다.

한 달이 넘도록 그 이유를 찾지 못하고 그냥 체질이려니 할 즘, 첫 현장 학습을 나갔다. 아이들이 가장 좋아하는 활동이라 4월의 첫 현장 학습은 그만큼 기다려진다. 이제 막 피어오르는 봄의 기운이 가득하고 햇살마저 따사로운 날에 지겨운 학교를 벗어날 수 있으니 얼마나 좋을까? 교사인 나도 좋은데 말이다. 이런 날은 괜히 남들 일할 때 노는 것 같아 기분이 설레기도 한다. 봄을 만끽하며 가볍게 산책한 뒤 우리는 둘러앉아 도시락을 열었다.

아… 잠시 잊고 지냈던 대우 몸무게의 비밀을 드디어 알게 됐다. 대우는 한 끼 도시락으로 김밥 세 줄과 큰 음료 세 병, 큰 봉지 과자 세 봉을 싸 왔다. 남들 세 배나 되는 도시락을 열더니 흡입하듯 삼켜 버리기까지 10분이 채 안 걸렸다. 학교로 돌아와서 어머니께 여쭤 보니 큰 소리로 웃으며 말씀하셨다.

"아유~ 집에서는 밥솥 껴안고 먹어유."

역시 질량은 거짓말을 하지 않는다. 내 몸무게는 몇이더라? 나도 반성해 본다.

대우의 비밀

학부모 상담 주간에 대우 어머니께서 오셨다. 전공과• 과정을 밟고 있는 대우는 올해를 마지막으로 특수학교를 떠나게 된다. 주된 상담 내용은 졸업 후의 삶이었다. 생활 전반에 대해서도 깊은 이야기를 나눴다.

• 고등학교를 졸업한 특수교육대상자에게 진로, 직업 교육을 제공하기 위해 특수학교 및 특수학급에서 진행하는 교육 과정

대우네 집은 아버지, 어머니, 누나, 대우가 함께 살고 있었다. 집안의 경제는 아버지보다는 어머니가 주로 맡고 계셨으며 지적장애를 가진 대우 누나는 특수학교를 졸업하고 6년이 지났지만 아직 취업을 못 했다고 했다. 어머니가 일하러 가시면 하교한 대우는 누나와 대부분의 시간을 보냈다.

주말에는 온 가족이 교회에 간다고 한다.

"우리는 종교적인 이유로 피가 섞인 음식은 안 먹어요. 급식 시간에 대우가 순대나 선지를 안 먹는 걸

보셔서 알고 계셨죠?"

'네, 어머니. 대우 어제도 순댓국 나와서 두 그릇 맛있게 먹었어요.'

속으로 읊조려 본다.

대우가 주말에 교회 가는 건 종교 때문이 아니라 엄마와 함께하는 시간이 소중해서였나 보다.

오대우 전용 세신사

대우는 미쉐린 타이어 회사의 캐릭터인 비벤덤(일명 미쉐린맨)과 비슷한 몸매를 소유하고 있었다. 살이 접혀 층을 이루는데 그 층과 층 사이는 매우 습하고 미끌미끌하다. 그 사이에 손을 넣으면 쑥 들어가 마치 배가 내 손을 먹어 치우는 기분이 든다. 몸매 특성상 자주 씻어야 하는데 집에서는 그게 어려운 모양이었다. 나는 한 달에 두 번 있는 수영 수업을 기회로 삼아 열심히 씻겼다. 그렇게나마 청결 관리를 했지만 문제는 여름이었다.

날이 더워지면서 땀이 많이 나니 한 달에 두 번으로는 부족했다. 교장 선생님께 부탁드려 일주일에 한 번, 수영 수업이 없는 날에 수영장을 빌리기로 했다. 넓은 수영장에서 사회복무요원과 함께 매주 대우를 씻겼다. 매주 하다 보니 요령도 기술도 늘어 갔다. 처음엔 가만히 누워만 있던 대우가 점점 알아서 몸을 움직이며 협조해 주니 이 시간이 즐겁고 행복하기까지

했다. 우리는 대우의 청결 완성도를 높이기 위해 다음과 같이 했다.

1. 탈의실에서 옷을 벗는다.
2. 샤워실에서 물을 틀고 몸을 적신다.
3. 비누칠하고 씻어 낸다.
4. 워터보드(가로 1m x 세로 2m)에 앉는다.
5. 세신사 한 명은 앞, 다른 한 명은 뒤를 민다.
6. 한 명이 팔을 들고, 다른 한 명이 손끝에서 겨드랑이까지 민다.
7. 워터보드에 눕는다.
8. 한 명이 배, 팔, 다리의 접힌 부분을 벌리고 다른 한 명이 사이사이 씻긴다.
9. 돌아 엎드린다.
10. 목 뒤부터 발가락까지 꼼꼼히 씻긴다.
11. 일어나서 물로 깨끗이 씻는다.
12. 탈의실로 간다.
13. 두 명의 세신사가 앞뒤로 배치되어 물기를 닦는다.
14. 층과 층 사이는 드라이기의 따뜻한 바람으로 세심히 말린다.

15. 온몸에 로션을 바른다. 특히 층과 층 사이는 신경 쓴다.
16. 손톱, 발톱을 정리하고 옷을 입는다.
17. 가끔 머리에 왁스도 발라 본다.
(주의, 다음 날 머리를 감고 오지 않아 떡질 수 있음.)

샤워 한번 하는데 뭐 이리 장황하냐고 할 수도 있겠지만 다 이유가 있다. 비장애인에게는 쉬운 일이 우리 아이들에게는 어렵게 느껴질 수 있어서 과정을 세분화하는 게 필요하다. 이런 과정을 과제 분석이라고 한다. 위와 같은 순서로 매주 씻기다 보면 대우가 순서를 익힌다. 접힌 살을 자기 두 손으로 들어 주기도 한다. 이렇게 완벽한 협조에 속도는 빨라지고 결과는 완벽해진다.

씻기면서 나는 말한다.

"아~ 시원해~ 죽인다, 죽여~"

대우는 또 배운다.

"아~ 시원하다. 아~ 아~ 시원해~"

우리는 그렇게 진짜 전문 세신사가 되어 갔다.

*

어느 날 어머니께서 찾아오셨다. 근래에 대우가 학교에서 매주 씻고 있다는 얘기를 듣고 너무 감사했다고 하셨다. 대우네 가족은 열다섯 평 아파트에 살고 있는데 아이들이 자라면서, 특히나 대우가 200킬로그램이 넘어가면서 집이 상대적으로 작아졌단다. 화장실 크기를 줄이고 방 크기를 늘렸는데 그 덕에 샤워 공간이 부족해 씻기는 게 어려웠다고 하셨다. 감사하다는 인사를 자꾸 하시는데 괜히 민망해 어색하게 웃으며 말했다.

"저 씻는 김에 같이 씻는 거예요, 어머니. 대우가 등을 잘 밀던데요?"

이제 와 하는 말이지만 사실 나는 씻는 걸 싫어하는 편이다. 대우 덕분에 매주 목욕을 해서 나의 청결도를 지킬 수 있었다.

별별이야기 수영장이라 쓰고 목욕탕이라 읽는다

아이들과 지내다 보면 청결하지 못한 아이가 있다. 지나치게 씻는 걸 싫어하는데 보호자가 그 성향을 이겨 내지 못해 씻기지 못하거나, 아이와 함께 목욕탕에 갈 형편이 되지 않거나 또는 함께 갈 사람이 없거나 하는 경우다. 누구에게나 씻는 건 귀찮은 일이겠지만, 본인이 깨끗하지 않은 걸 좋아하는 사람은 없을 거다. 그래서 아이들과 함께 목욕탕에 가기도 하지만 쉽지 않은 일이다. 간혹 길을 가다 이동식 노인 목욕 지원 차량을 보거나 어떤 기관에서 '어르신 가정 방문 목욕 지원'이라는 안내문을 볼 때면 그게 또 그렇게 부럽다. 우리 아이들에게도 이런 지원이 적극적으로 이뤄지면 얼마나 좋을까?

대우네 학교에는 수영장이 있다. 각 학급이 한 달에 두 번 정도 이용하는데 아이들이 현장 학습과 더불어 가장 기다리는 날이다. 수영장으로 들어가면 탈의실이 나오고 탈의실 옆에 제법 큰 샤워실이 있다. 아이들이 각자 혼자서 수업 준비를 하면 좋겠지만 희망 사항일 뿐이다. 아이별로 속옷, 겉옷, 양말을 잘 분류해야 한다. 그렇지 않으면 서로 다른 속옷을 입고 집으로 돌아가는 일이 생긴다. 뿐만 아니라 대부분은 옷을 벗겨 줘야 하고 씻겨 줘야 한다.

수영장 이용하는 날은 정신을 바짝 차리고 있어야 한다. 잠시라도 방심하면 미끄러운 바닥에서 넘어지거나 물에 빠지는 사고가 생길 수 있기 때문이다. 아이들의 컨디션도 살펴야 한다. 특히 며칠째 변을 못 봤다거나 평소 아침에 꼭 변을 보는 아이가 오늘 아침은 걸렀다거나 하는 등 말이다. 따뜻한 수영장은 배변 활동을 돕기 때문에 정신없이 놀다 보면 무언가 물 위에 떠오르는 불상사가 생기기도 한다. 덩어리면 다행인데 행여나 설사라도 하게 되면 수영장은 전쟁터가 된다. 자가 정수 시스템을 스물네 시간 가동하긴 하지만 이런 경우에는 수업을 멈추고 아이들을 교실로 돌려보낸 후 몇몇 사람이 전신 수영복을 입고 뜰채로 건더기를 건져 낸다.

덩어리면 물에 잘 떠서 금방 작업이 끝나지만 덩어리가 아니면 아래로 가라앉고 크기도 작아 건져 내기가 쉽지 않다. 최대한 건지고 그다음은 자가 정수 시스템을 응원하는 방법밖에 없다. 며칠간 살펴보고 정수가 잘되어 수질 검사에서 좋은 결과가 나오면 수영장은 다시 운영되겠지만 그렇지 못한 경우면 수영장 물을 다 뺀 뒤 다시 채워야 한다. 수영장 크기가 크지 않아도 물을 한 번 채우는 데 300만 원가량 든다. 이런 일이 자주 있을 때는 12월이 되기 전에 수영장 운영이 조기 종료되기도 한다. 그래서 교육 과정의 운영을 위해 아이들의 컨디션을 살피는 것 역시 매우 중요한 일이다.

두 시간의 수업에서 수영복을 입고 물에 들어가기 전에 샤워하는 준비 시간과 다시 씻고 평상복으로 갈아입는 마무리 시간을 빼면 물에 있는 시간은 한 시간가량이다. 마무리 시간에는 아이들을 차례대로 하나씩 불러 씻기는데, 잘 씻지 못하는 아이는 특히나 오랫동안 씻겨야 한다. 어쩌면 이 시간을 활용해 한 달에 두 번 샤워하는 것일 수도 있기 때문이다.

멀리서 보면 그냥 준비하고 놀고 마무리하는 것 같지만 그 과정을 완벽하게 수행해야 하는 두 시간의 과정이 내게는 중노동이라 나도 한 달에 두 번 몸살이 난다. 그래도 깨끗해진 아이들을 보면 왠지 기분이 좋아진다. 그래서 나도 이날을 기다린다. 대우네 학교는 다행히 이런 수영장이 있지만 특수학교 대부분은 수영장이 없으니 이런 기회조차 없다. 우리 아이들에게도 목욕 서비스가 적극적으로 지원되는 그런 날이 왔으면 좋겠다.

살의마

5월이 되니 어느새 아이들의 머리가 많이 자라 있었다. 드디어 때가 됐다. 장애인 채용박람회를 신청한다. 채용박람회는 장애를 가진 사람들에게 일자리를 소개하는 자리인데, 이벤트 형식으로 취업에 필요한 증명사진도 찍어 주고 화장도 해 주고 머리도 잘라 준다. 곧 취업을 준비해야 하는 전공과인 우리 반에 꼭 필요한 것들이었다. 사실 여덟 명의 아이를 데리고 복잡한 곳에 가는 건 쉽지 않은 일이지만 부모님과 교장, 교감 선생님의 허락을 어렵게 받았다.

박람회 도착 후 두 팀으로 나눴다. 머리가 깔끔한 아이들은 증명사진을 찍고, 더벅머리 아이들은 머리를 자르기로 했다. 나는 대우가 있는 팀과 함께 머리를 자르러 갔다. 아이들은 평소처럼 '그냥 그냥 스타일'을 해 달라고 했다. 나는 이 스무 살 아이들이 왠지 좀, 또래들처럼 멋도 내고 그랬으면 했다.

"선생님, 투블럭으로 부탁드립니다."

그 당시 핫하던 투블럭 스타일로 머리를 자르니 다들 새내기 대학생 같았다. 대우는 머리가 짧은 편이라 살짝만 다듬기로 했다. 근데 문제가 있었다. 바로, 의자였다. 미용 부스에 있던 의자는 편의점에서 볼 법한 플라스틱 의자였는데 대우가 앉기엔 왠지 불안해 보였다. 아니나 다를까 앉은 지 5분이 채 되지 않아 의자는 생을 마감했다. 대우는 "어어" 하고 넘어지더니 아무 일 없던 것처럼 옆 의자에 옮겨 앉았다. 자주 있던 일이라 익숙하다.

하지만 다음 의자도 곧바로 생을 마감했다. 놀란 미용사는 웃고 있는 나와 대우를 번갈아 가며 한참을 바라봤다. 남은 의자는 없었다. 그렇게 대우는 맨바닥에 앉아 머리를 이쁘게 단장했다. 하나 다행인 건, 대우가 키가 크고 허리도 길어서 높이가 의자에 앉은 것과 비슷했다고 미용사께서 만족해하셨다는 것.

다이어트 성공기

살의마 사건 이후 대우의 다이어트를 계획했다. 부모님께 동의를 구하고 대우와 행동계약•을 했다.

• 대상자가 어떤 행동을 할 것이며 결과에 대해 누구에 의해서 어떤 보상 또는 처벌을 받을 것인지를 상호 동의한 서면 계약

- 점심에 추가 배식 안 하기
- 서른 번 씹고 삼키기
- 하루 한 시간 운동하기

일주일 동안 약속을 잘 지키면 요리 수업 시간에 더 많은 간식을 주기로 했다. 집에서도 저녁 식사량을 조절하기로 약속했다. 계약서에 서로 지장을 찍고 교실에 붙여 놨다. 생각보다 순조로웠다. 대우는 학교에서 많이 먹지 않았던 터라 먹는 양을 제한하는 건 어렵지 않았다. 다만 두어 번 씹고 삼킨 뒤 오물오물하며 서른 번을 씹는 척한다는 것. 그렇게 '거짓 오물거림'이 끝나면 함께 양치하고 운동을 시작한다. 다음

시간 선생님께 양해를 구하고 한 시간 정도 오붓하게 계단 오르기, 산책, 간단한 근력 운동을 한다. 그렇게 한 달이 지나고, 두 달이 지나고… 세 달이 지났다.

대우는 25킬로그램이나 빠졌다. 그래서 175킬로그램. 키가 아닌 몸무게다. 보는 선생님마다 왜 이리 살이 빠졌냐며 칭찬하고 격려했다. 그렇게 대우는 다이어트에 성공하고 즐거운 마음으로 여름방학을 맞이했다.

무더운 여름방학이 끝나고 개학 날이 되었다. 언제나 그렇듯 대우는 해맑게 웃으며 학교에 왔다. 근데 어딘가 모르게 익숙하면서도 달라진 것 같았다. 이리 보고 저리 보고 곰곰이 생각해 보니 살이 다시 살짝 오른 듯했다. 바로 체중계로 데려갔다.

200kg

그해 여름방학 기간은 25일이었고, 대우의 늘어난 몸무게는 25킬로그램이었다. 하루 1킬로그램씩. 정확한 녀석, 규칙적이야. 매력 있어.

일취월장:
나날이 다달이 자라나거나 발전함

그래, 누구나 실패는 하는 거야. 다시 도전하자.

그렇게 결심하고 다시 다이어트의 길로 나아가기로 했다. 대우는 일취월장했다. 아니, 대우가 아니라 대우의 몸무게가. 여름방학이 끝나고 얼마 지나지 않아 추석 연휴가 찾아왔다. 연휴를 마치고 몸무게를 재 보니,

209kg

그해 추석 연휴는 수·목·금요일, 월·화요일은 재량휴업일. 토·일·월·화·수·목·금·토·일 9일 동안 9킬로그램 증량. 하루 1킬로그램씩. 정확한 녀석, 규칙적이야. 매력 있어.

살의마 2

대우가 가끔 학교에 일찍 오는 날이 있다. 그런 날에는 꼭 내가 있는 연구실 옆 화장실에서 대변을 본다. 그러곤 볼일이 끝나면 소리를 지른다.

"없어~! 없어~!"

아침 일찍 청소 전이라 종종 화장지가 없을 때가 있다. 그럼 나는 조용히 화장지를 가져다 준다. 아무리 화장지를 챙기라고 알려 줘도 귀찮은 건지 아니면 내가 화장지를 가져다 주는 게 좋은 건지 고치지 않는다. 한결같다. 그래도 뒤처리를 한 후 항상 내게 들러 고맙다고 인사를 남긴다.

그러다 한번은 화장실에서 대우의 비명이 들리는 것이었다. 조용한 복도를 타고 "으! 으! 으!" 하는 소리가 울려 퍼졌다. 놀란 나는 화장실로 뛰어가 대우 전용 화장실 칸막이를 열어젖혔다. 대우는 바지를 다 입지도 못한 채 서서 물을 내리고 있었다. 변기는 대우의 선물을 미처 다 넘기지 못하고 물과 함께 밖으로 쏟아 내고 있었다. 물이 내려가야 하는데 위로 넘치니 당황해서 내려가라고 레버를 연신 눌렀던 모양이었다. 덕분에 화장실은 대우의 선물로 가득 찼다. 조용히 대우의 손을 잡아 레버에서 손을 뗐다. 변기 의자는 목젖 끝까지 대우의 선물과 물을 안은 채 생을 마감했다. 대우의 옷부터 갈아입힐 생각에 옷을 여며 주고 화장실을 대충 정리하고 나오는데 때마침 마주친 청소 선생님의 눈빛을 잊을 수 없다.

옷을 갈아입혀야 하는데 여벌 옷이 없었다. 빌리려고 해도 맞는 옷이 없었다. 별수 없이 재봉실에 있던 큰 천을 허리에 감고 있어야 했다. 그리고 그날 점심에는 간식으로 고구마가 나왔다. 대우는 맛있게 먹었고, 나는 차마 삼키지 못했다.

단벌 신사

대우는 늘 같은 옷을 입고 다녔다. 겨울에도 발목이 꽤 많이 드러난 여름 소재의 바지를 입고 오는 날이 많았다. 알고 보니 대우에게 맞는 옷이 없어서 옷이 몇 벌 없던 거였다.

직업 교육 시간에 아이들에게 바느질과 재봉 기술을 가르쳐 주는 선생님을 찾아갔다.

"선생님, 죄송한데 재봉 기술 좀 배울 수 있을까요? 대우 옷을 만들고 싶어서요. 가르쳐 주시면 제가 만들겠습니다."

물론 나는 만들 수 없다. 괜히 대우와 함께 가서 부탁해 보는 거였다. 역시나 직접 만들어 주겠다 하시며 대우의 허리둘레를 재기 시작하셨다. 60인치였다. 한참을 껄껄껄 웃으시더니 그 뒤론 웃지 않으셨다. 뭔가 후회하시는 것 같기도 했는데… 좋으신 분이다.

대우가 원하는 색으로 큼지막한 천을 꺼내 재단하셨다. 선생님께서는 재단한 천을 집으로 가져가 두 벌의 바지를 만들어다 주셨다. 시원한 소재의 여름 바지와 따뜻한 소재의 겨울 바지. 종이 가방에 커다란 바지를 담아서 집으로 들려 보냈다. 늦은 저녁 대우 어머니께 고맙다는 전화가 왔다.

옷을 담아 보낸 종이 가방은 다음 날 빵을 가득 안고 학교로 돌아왔다. 사실 나는 군대에서 재봉을 배워 간단한 바지는 만들 수 있다. 그래도 전문가가 만든 좋은 옷을 입히고 싶어서 선생님께 부탁드린 거다. 진심이다.

연상연하

언젠가부터 연상연하 커플이 유행이었다. 우리 반에도 그 유행이 찾아왔더랬다. 누구나 사랑을 꿈꾸기에, 게다가 전공과 아이들은 20대이니 그들의 사랑은 적극 환영이었다. 문제는 외부인과의 사랑으로 인한 외부인의 지나친 학교 출입, 교내 애정 행각! 그 외부인은 바로 대우 누나였다.

우리 반에는 굉장히 잘생긴 동하라는 아이가 있었다. 얼굴에 여드름이 드리웠지만 그깟 여드름쯤은 눈에 보이지 않을 만큼 인물이 좋았다. 동하 역시 늦게 찾아온 사춘기 덕에 이성에 눈을 뜬 상태였는데, 그런 동하 마음에 대우 누나가 침투했다. 대우를 보러 왔다가 우연히 동하를 만난 후로는 학교를 대우만큼 자주 나왔다. 동하도 대우 누나를 보면 귀가 빨개졌다. 콧구멍을 벌렁거렸고 거친 숨을 내 뿜었다. 너무 좋을 때 보이는 모습이다. 그 둘은 사춘기의 탈을 쓰고 조금씩 용감해지기 시작했다. 둘 다 어찌할 바를 몰라 손을 잡은 채 온몸을 비비 꼬았다. 복도 한복판에서 말이다. 마음이 앞서 장소를 잘못 골랐던 게 하필 내 눈에 띄었다. 아니, 내게 보여 줬다고 해도 될 정도로 그 널따란 복도는 모두에게 열려 있었다. 대우 어머니께 규정상 대우 누나는 외부인이라 연애하러 학교를 방문하는 건 어려우니 학교 밖에서 건전하게 만날 수 있도록 지도해 달라고 부탁드렸다.

나는 두 사람이 졸업 후에 연애하다 결혼했으면 했다. 하지만 두 집안은 장애가 있다는 이유로 서로를 반대했다. 집에서 반대하다 보니 둘은 학교 밖에서 만나기도 어려워졌다. 금지된 사랑에 애가 탄 대우 누나는 더욱 열심히 학교에 나왔다. 괜히 나를 찾아와 대우가 요즘 어떠냐 묻고 대우는 오늘 아침을 많이 먹었다는 둥 물어보지 않은 일들을 이야기하곤 동하를 만나러 갔다.

둘의 사랑이 애석해 가만히 눈감아 줬지만, 문제는 따로 있었다. 둘의 사랑에 불꽃이 튀기 시작해 손을 잡는 걸 넘어서는 스킨십이 시작됐다. SNS상에서 '집에 누가 있느냐', '집을 찾아가겠다' 등의 이야기가 오갔다. 나는 둘을 적당히 말리기 위해 대우 누나가 학교에 오지 않을 방법을 떠올렸다.

일할 준비가 됐음에도 6년째 취업을 못 하던 대우 누나에게 잘 맞는 일자리를 알아냈다. 어머니께 면접을 보자고 말씀드렸더니 너무나 좋아하셨다. 어머니의 적극적인 협조로 대우 누나는 나와 함께 면접과 간단한 시험을 봤다. 일주일 후 대우 누나는 생애 첫 취업을 했다. 근무 시간과 학교 시간이 겹쳐 더 이상 학교에서 만나긴 어려웠다. 그 후로 SNS에서 둘의 뜨거운 대화는 계속됐지만 어느 순간 시들해졌다. 눈에서 멀어지면 마음에서 멀어지나 보다. 모두가 그런가 보다. 그리고 대우 누나는 교내 연애가 아닌 사내 연애를 시작했다.

'사랑에 나이가 있나요?' 어르신들의 사랑을 응원할 때 하는 이 말을, 우리는 아이들의 교내 연애를 찬성하는 마음을 담아 사용한다. '머리에 피도 안 마른 것이'라는 말로 아이들의 연애에 태클을 거는 시절은 이제 지났다. 이미 교내 연애의 찬반 논란은 끝났다. 연애할 때 학교에서 지켜야 하는 예절을 가르치는 게 더 현실적이다.

장애를 가진 우리 아이들은 어떤 감정으로 살아갈까? 장애를 가진 이유로 아이들을 결혼시키지 않거나, 결혼에 대해 비관하며, 연애와 결혼에 앞서 정관수술과 같은 피임 수술을 시켜야 하나 고민하는 부모들이 있다. 왜 당사자도 아닌 사람이 당사자의 삶을 함부로 예측하고, 당사자에게는 어려울 거라는 편향된 생각으로 무엇이든 시도조차 못 하게 하는 걸까? 사랑하고 결혼하고 아이를 낳으며 살아가는 게 과연 막아야 할 일인가. 다들 실수를 하고 다들 어려움을 겪으며 산다. 그 과정에서 여러 방면의 도움이 지원된다면 누구든 평범하게 살아갈 수 있다.

누구나 한 번쯤, 가슴 뜨거운 사랑을 꿈꾸고 잊지 못할 만큼의 강렬한 사랑을 할 것이다. 우리 아이들도 마찬가지다. 사랑의 감정을 알려 주는 것은 무엇보다 어렵다. 그렇지만 사랑을 한번 겪게 된다면 그렇게 어렵게 설명하지 않아도 충분히 깨달을 것이다. 곁에서 지켜본 그들의 사랑은 특별하지도 남다르지도 않았다. 표현과 방법이 다르거나 서툴 뿐 모두가 사랑을 알고 사랑하고 싶어 했다.

각자의 사정

대우가 졸업을 한다. 전공과 과정을 무사히 마치고 이제 사회에 나간다. 특수학교 졸업생들은 보통 보호작업장•을 가거나 주간보호센터••에 간다. 대우는 보호작업장 취업을 목표로 열심히 훈련했지만 잘되지 않아 주간보호센터에 가야 하는 상황이었다.

• 취업하기 어려운 장애인에게 고용의 기회를 제공하며, 직업 적응 훈련, 직업 상담 등의 서비스를 지원하는 직업재활시설. 소정의 월급이 있다.

•• 원활한 일상생활이 어려운 장애인을 낮 시간 동안 보호하며 일상생활을 위한 다양한 프로그램을 제공하는 기관. 이용료를 지불해야 한다.

괜찮은 기관을 알아보고 어머니께 몇 곳을 권해 드렸는데 왜인지 대우는 어디도 가지 않았다. 알고 보니 형편이 어려워 그 당시 한 달에 20만 원 정도 되는 이용료가 부담됐던 거였다. 대우는 별다른 계획 없이 졸업을 하고 집에서 시간을 보냈다. 계속해서 대우가 갈 만한, 경제적으로 부담되지 않는 기관들을 찾아 안내해 드렸지만 상황은 변하지 않았다. 그렇게 1년 정도 지나니 나도 포기할 수밖에 없었다. 서로 연락이 뜸해지고 1년이 더 지난 어느 날 전화가 왔다. 대우 어머니였다.

"아이고, 선생님! 저 학교에서 정규직이 됐어요! 그래서 대우도 이제 주간보호센터에 다녀요. 그동안 너무 감사했어요."

그 후로 가끔 대우와 대우 누나의 안부를 전하며 연락을 주신다. 대우는 변함없이 그 바지를 입고 다니고, 대우 누나는 여전히 사내 연애를 한단다.

평생교육

평생교육이란 인간의 교육은 가정, 학교, 사회에서 전 생애에 걸쳐 이뤄져야 한다는 교육관이다. 인간은 사회 문물이 크게 변화함에 따라 그에 적응하기 위해 끊임없이 교육을 받아야 한다는 취지에서 1967년에 유네스코 세계 성인 교육 회의에서 제창됐다.

근데 왜 발달장애인 평생교육센터는 평생이 아닌 일생에 단 5년만 이용할 수 있는 걸까? 특정 지역에서의 5년이 아니라 평생에서 5년이다. 동네 센터에서 2년을 다니다가 이사를 가서 새로운 동네의 센터를 이용하게 되면 5년이 아닌 남은 3년만 이용할 수 있단다. 발달장애인 평생교육센터는 직업을 갖기 힘들고 보호가 많이 필요한 아이들이 졸업 후에 가는 곳인데 5년이 지나면 이 아이들은 어디로 가란 말인가.

정말 '평생' 이용할 수 있게 시스템을 바꿔 주거나 아니면 기관의 이름을 바꾸거나 하자. 5년만 이용할 수 있으니 '발달장애인 5년교육센터'라고 하면 딱 좋겠다. '5개년'이 좀 더 있어 보이려나? 어감이 좀 그런가? 모르겠다. 기분이 좀 그렇다.

대우

민서

장나리, 눈에 넣어도
아프지 않을 이름.
눈에 넣을 수 있겠냐고 하면
어떻게든 넣어 보려 할 테다.

이름	임민서
학년	고등학교 2학년
가족	엄마, 아빠, 형
좋아하는 것	장나리 선생님
잘하는 것	춤과 노래
꿈	장나리 선생님과 결혼하기
생활신조	장나리 선생님 사랑해요.
강점	에너지 넘치고 승부욕이 강하다.
특징	한 여자만 사랑한다.

첫인사

새로운 학교에서 새로운 아이들을 처음 만나는 날이었다. 설렘 반, 두려움 반으로 아이들 앞에 서서 나를 소개하며 이런저런 이야기를 하고 있는데, 맨 뒷자리에 엎드려 있던 아이가 부스스 일어나 나를 보고 깜짝 놀라며 보낸 첫인사.

"으~ 남자 안 돼!"

알고 보니 그는 5년째 좋아하는 선생님이 있었다. 이름은 장나리. 지금껏 한 번도 장나리 선생님과 같은 반이 되지 못해 늘 불만이었고, 이번만큼은 장나리 선생님이 나의 담임 선생님이 될 거라는 믿음이 있었더랬다. 그러던 찰나 담임이라며 인사하고 있는 나를 보았으니 화가 났을 법도.

근데 민서야~ 나도 남자 싫어!

남탕

우리 반은 남자만 여덟 명이었다. 거기에 남자 담임에 남자 사회복무요원까지. 좀처럼 보기 힘든 조합이다. 사람들이 여기는 남탕이라며 농담하기도 했지만, 지도하는 입장에서는 남자아이들이 훨씬 편하다. 서로에게도 좋은 영향을 미치는 것 같다.

대소변 보는 법이나 면도하는 법 같은 건 아무래도 남자의 일생을 먼저 살아 본 사람이 가르치는 게 더 좋고 효과적이다. 화장실 가는 것부터 해서 바지와 속옷을 내리는 정도(대부분 발목까지 내린다.), 소변기를 향해 조준하는 방법, 조준하기 위해 손으로 어디를 잡아야 하는지, 다 마치고 잔여물 제거를 위한 털어 주기 신공까지도 알려 줘야 한다. 그것도 한 번이 아니라 몇 달, 길게는 몇 년을 가르쳐야 가능한 경우도 많다. 그렇다고 화장실 사용법이라는 수업을 따로 하진 않는다. 쉬는 시간이나 점심시간에 아이들이 화장실에 가면 따라 가서 가르친다. 실생활에서 자연스럽게 배워야 장소가 바뀌더라도 배운 걸 활용할 수 있기 때문이다.

민서는 내가 남자라서 크게 실망했겠지만, 그해를 돌이켜 보면 민서는 늘 웃고 있었고 즐겁게 뛰어다니고 있었다. 물론 틈이 날 때마다 장나리 선생님을 보러 갔지만.

다운타운: 도시의 중심부

민서는 밝고 활발하다. 다운증후군을 가진 아이로, 다운증후군의 특징적인 얼굴 모습과 신체 구조를 가졌다. 발음이 부정확해 민서의 말을 이해하기가 쉽지는 않지만 오랫동안 함께하다 보면 대화가 점점 원활해진다. 어느 순간 상황과 느낌으로 충분히 이해할 수 있게 된다. 그렇다고 대충 "응~ 응~ 그래~ 그래~"로 반응하면 그건 또 귀신같이 알아서 화를 내고 삐진다. 귀여운 구석이 많다.

우리 반 여덟 명 중에 세 명이 다운증후군이었다. 세 명 모두 고등부에서 활기차기로 유명했다. 쉬는 시간이 되면 이 아이들과 함께 당시 유행하던 런닝맨 놀이를 했다. 그게 하루가 지나고 한 달이 지나니 소문이 나서 활기차기로 내로라하는 녀석들이 우리 반에 모이기 시작했다. 모인 아이들을 보니 대부분 다운증후군이었다. 쉬는 시간 종이 울리면 모두 우리 반으로 달려와 자기 등을 가리킨다. 이름표를 달아 달라는 의

사 표현이다. 나중에 안전상의 문제로 런닝맨 놀이를 못 하게 됐을 때도 이 아이들은 계속해서 우리 반에 와 놀아 달라고 졸랐다. 내가 없어도 꼭 우리 반에 와서 자기들끼리 놀다가 자기 반으로 돌아갔다. 그걸 매일같이 지켜보던 한 부장님이,

"자기 반은 다운 애들이 넘쳐나네~ 다운타운이야?"

이렇게 우리 반은 남탕에서 다운타운으로 발전했다.

이곳은 우리 학교의 중심!

나는 당신이 주말에 한 일을 알고 있다

월요일 1교시가 되면 주말 동안 뭘 했는지 이야기를 나눈다. 서로에게 안부를 묻고 답하며 생각하는 힘과 말하는 능력을 키운다. 이 시간에 사회 이슈도 가볍게 안내한다.

나를 시작으로 한 명씩 돌아가며 말한다. 민서 차례가 됐다. 늘 그렇듯 교회와 가족 이야기를 한다.

민서 (기도하는 시늉을 하며) 교회 가고~

(마이크를 들고 있는 시늉을 하며) 노래하고~

(숟가락으로 밥을 뜨는 시늉을 하며) 밥 먹고~

(스틱을 잡고 두드리는 시늉을 하며) 드럼 치고~

나 교회 다녀왔구나. 즐거웠겠다. 집에선 어떻게 지냈어?

민서 (패를 바닥에 내리치는 시늉을 하며) 엄마 화투 치고~

(술잔을 들이켜는 시늉을 하며) 술 먹고~

(토하는 시늉을 하며) 화장실 우웩~

민서는 1년 내내 매주 교회에 갔고, 민서 어머니는 1년 내내 화투 치고 술 마시고 토하셨다고 한다.

다 부모를 닮는다

어느 날 엄마와 함께 장을 보고 있었다. 맞은편에 오던 행인이 지나간 후 조용히 물으셨다.

"자가 다운증후군이라?"

(번역: 저 아이가 다운증후군을 가진 사람이니?)

"응, 맞아."

조용히 대답했다. 필요한 물건을 찾아 시장을 돌다 제법 멀리까지 왔다. 엄마가 다시 나지막이 말했다.

"야이야, 자 여기 또 왔네."

(번역: 아들아, 아까 봤던 다운증후군 가진 사람이 여기 또 왔네.)

엄마의 눈길 끝을 좇아가 보니 조금 전 그 사람이 아니었다.

다운증후군은 염색체 이상으로 나타난다. 지적장애를 가지고 태어나며 다운증후군의 외형적인 특징이 있다. 일반적으로 눈이 작으며, 눈꼬리가 위로 올라가 있다. 코는 작고 낮다. 귀와 입도 작은 편이며, 혀는 크다. 얼굴 형태는 둥글고 납작하다. 키가 작고 팔다리가 짧다. 짧고 뭉뚝한 손가락에 손발도 작은 편이다. 이런 특징으로 다들 다운증후군인 사람은 비슷하게 생겼다고 생각한다.

아이들과 함께하다 보면 다운증후군 아이들을 자주

만난다. 다운증후군 아이들은 대부분 흥이 많고 활기차다. 아이마다 다르겠지만 내가 만났던 아이들은 에너지가 넘쳐서 수업할 때든 놀 때든 함께하면 즐거웠다. 사람들은 늘 겉모습을 보지 말라고 하면서 장애인을 볼 때는 왜 겉모습을 먼저 보는지 모르겠다. 비장애인을 바라볼 때와 같은 기준과 생각으로 바라본다면 그들의 긍정 에너지를 함께 느낄 수 있을 텐데 말이다. 나 혼자만 알고 지내기엔 너무 아까워서 하는 말이다.

나는 눈 사이가 제법 멀고 손발이 작다. 손가락도 짧다. 그래서인지 이 아이들과 놀고 있으면 보는 사람마다 닮았다고 했다. 아이들에게 나를 '아빠', '형'이라고 부르라며 놀리곤 했다. 이렇게 다운타운에는 4형제가 모이게 됐다.

다운증후군 아이들이 다 비슷하게 생겼다고들 하지만, 학부모 상담을 하면서 늘 느끼는 건데 부모님이 들어오는 순간 "아~ 민서 어머니!"라고 인사할 만큼 다운증후군 아이들은 부모님을 쏙 빼닮았다. 나도 엄마를 닮았다. 그리고 당신은 당신 부모님을 닮았을 것이다.

친구와 선생님 사이

스물여섯 살 되던 해, 나는 서울에서 교직생활을 시작했다. 당시 학생 중에는 나보다 나이가 많은 이도 있었다. 입학 시기를 놓치고 늦게 학교생활을 시작한 경우가 더러 있었기 때문이다. 어찌 되었건 나는 아이들에게 늘 친구 같은 존재이고 싶었다. 대단한 지식을 전달할 것도 아니기에 존경심을 바라지 않았다. 그저 아이들이 학교에서 즐겁고 행복하게 지내다가 사회에 나아가길 바랐다. 아이들과는 허물없이 뛰어놀고 수다 떨며 지냈다. 그래서인지 우리 반은 늘 시끌시끌했다. 나는 이런 교실이 좋았다.

근데 너무 즐겁게만 지내다 보니 수업 시간과 쉬는 시간의 경계가 무너지기 시작했다. 상황이 점점 심해져 아이들은 수업을 시작해도 집중하지 않고 다른 짓을 했다. 참다못한 어느 날, 나는 처음으로 민서에게 화를 냈다.

"수업 시간에는 수업을 해야지! 이렇게 계속 떠들

거야?"

뭐가 그리 억울했는지 알 수 없었지만 민서는 따박따박 대응해 왔다. 너무 화가 난 나는 교실이 울릴 정도로 소리쳤다.

"내가 네 친구야?"

민서가 깜짝 놀란 표정으로 나를 바라봤다. 미안한 마음이 들려는 순간 민서가 대답했다.

"네…."

그리곤 억울한 듯 눈물을 쏟아 냈다. 나를 진짜 친구라고 생각했나 보다. 너무 미안해서 꼭 안으며 사과했다.

"선생님이 미안해. 민서 덕분에 선생님은 꿈을 이뤘네. 고맙다."

이런 내 꿈을 알 길 없는 민서는 내 품을 밀치고 장나리 선생님에게 달려갔다.

영원히 채워지지 않는 만 원

장나리, 눈에 넣어도 아프지 않을 이름. 민서는 눈이 작지만 장나리 선생님을 눈에 넣을 수 있겠냐고 하면 어떻게든 넣어 보려 할 테다. 민서는 장나리 선생님을 처음 본 그날부터 5년이 지나도록 장나리 선생님만 사랑했다. 아이들은 보통 좋아하는 선생님이 자주 바뀌는데 말이다. 민서는 정말 멋진 남자다. 그래서 미안하지만 난 민서의 사랑의 감정을 이용하기로 했다.

민서는 고3이 됐고 나는 전공과를 맡았다. 민서네 반과 우리 반은 가까이에 있었는데 틈만 나면 우리 반에 와서 놀다 갔다. 취업 준비를 시켜야겠다 싶어 부모님과 협의해 보호작업장 취업을 목표로 훈련하기로 했다. 작업장에서 하는 일감을 가져와 연습을 시켰다. 근데 귀찮다며 도무지 하지를 않았다. 어느 정도 미리 작업 능력을 키워 놓아야 합격에 유리하므로 연습은 꼭 필요하다.

민서를 설득하기 시작했다. 민서는 늘 장나리 선

생님과 결혼하겠다고 했다.

“민서야, 결혼할 때 뭐가 필요하게? 반지. 반지가 필요해.”

“반지! 반지!”

“반지를 사려면 돈이 만 원 정도 필요해.”

민서는 만 원이 없었다. 나는 부모님과 미리 입을 맞춘 시나리오대로 말했다.

“선생님이 작업장 일감을 줄 테니 집에 가서 해 올래? 일주일 동안 열심히 하면 천 원씩 줄게.”

그렇게 우리의 계약은 시작됐다. 민서는 매일 일감을 가지고 갔다. 그렇게 매주 천 원씩 받아 갔고, 민서의 지갑은 두둑해지기 시작했다. 이 계약은 민서가 반지를 살 돈 만 원을 마련할 때까지만 유용했다. 계약이 10주 만에 끝나면 어쩌나 걱정했는데 괜한 걱정이었다.

*

월요일 아침, 민서는 어김없이 우리 반으로 놀러 왔다.

“민서, 반지 살 돈은 다 모았어?”

민서가 지갑을 꺼내서 열었다.

"어! 어! 왜 없지!"

슬픈 표정을 지으며 한 손으로 얼굴을 가리며 하늘을 바라보는 그. 분명히 지난주에 물어봤을 땐 9천 원이 있었는데 오늘 보니 2천 원밖에 없다. 혹시나 나쁜 일을 당했을까 싶어 주말에 뭘 했는지 하나씩 되짚어 봤다.

돈가스를 사 먹었다.

사랑의 힘도 돈가스를 이길 수는 없었나 보다. 민서는 땅을 치며 후회했다. 그럼에도 돈이 모일 만하면 주말 동안 맛있는 걸 사 먹고 월요일에 와서 한 손으로 얼굴을 가리며 하늘을 바라보았다. 이로써 이 계약은 종결 없이 계속됐다. 계획했던 보호작업장에는 한 번에 합격했다.

민서야, 다음에 결혼할 친구 소개해 주면 선생님이 반지 사줄게. 미안.

이렇게 잘라 주세요

그때 나는 투블럭펌을 하고 항상 왁스를 바르고 다녔다. 민서는 이런 내 모습이 부러웠는지 틈만 나면 자기 머리도 나처럼 해 달라며 떼를 쓰고 애교를 부렸다. 이유야 뭐, 당연히 장나리 선생님께 잘 보이고 싶어서지. 머리에 왁스를 잔뜩 발라 세상 멋이란 멋은 다 끌어모아 본다. 거울을 이리저리 살피며 만족해하던 민서는 엄지를 척 치켜세우더니 장나리 선생님께로 달려갔다. 수줍게 인사하며 멋이 가득 담긴 머리를 자랑한다. 장나리 선생님의 격한 칭찬에 귀는 점점 빨개진다. 그리고 다음 날, 그 다음다음 날도 머리를 감지 않은 채 학교에 온다.

수업 준비를 하는데 민서가 다급하게 뛰어왔다. 그리고는 핸드폰을 들이대며 내 사진을 찍었다. 왜 그러는지 물어보니 오늘 머리를 자르러 가는데 나와 같은 머리를 하고 싶단다. 내 사진을 보여 주고 이대로 해 달라 하려나 본데, 민서는 머리가 짧아 파마는 못

한다.

어이쿠, 머리를 붙여야 하나? 내 사진을 받아 볼 미용실 디자이너의 표정이, 그리고 예쁘게 다듬어질 민서의 머리가 기대된다.

그만 일어나 보겠습니다

민서가 졸업하고 2년 정도 지났나, 한번은 민서가 너무 보고 싶어서 전화를 했다. 가족의 허락을 받고 집 앞 햄버거 가게에서 만나기로 했다. 잠깐 기다리니 민서가 왔다. 나는 그리운 손을 잡고 이름을 계속 불렀다. 민서는 쑥스러워하면서도 환하게 웃었다.

민서가 고른 세트 메뉴를 두 개 시켜 마주 앉아 먹었다. 말없이 보고만 있어도 좋았다. 입안에 햄버거가 가득해도 내가 질문하면 꼬박꼬박 대답해 줬다. 햄버거의 마지막 한 입을 욱여넣더니 입에 있는 걸 채 삼키기도 전에 말했다.

"그만 일어나 보겠습니다."

보호작업장에서 일하는 민서는 월급이 많지는 않지만 남들처럼 출근하고 동료들과 어울려 일하며 퇴근한다. 사회생활을 하며 저 어려운 문장을 배웠나 보다. 아쉬웠지만 다음에 또 보자고 인사를 했다.

혹시나 길을 잃을까 조금 떨어져서 가는 길을 따

라갔다. 민서네 집에 다다랐을 때 마음을 놓고 돌아서려는데 민서가 휙 돌아보더니,

"선생님~"

하고 씨익 웃어 보인다.

나의 꿈을 이뤄 준 고마운 민서야. 너의 꿈도 이뤄지길 언제나 응원할게.

직장인지 봉사활동인지

민서는 한 달에 10만 원 남짓의 월급을 받는다. 그중 5만 원은 버스 교통비로 사용한다. 보호작업장이 지하철로 가기엔 멀기 때문이다.(장애인 복지카드로 지하철은 무료로 이용할 수 있지만 버스비는 무료가 아니다.)

이 정도면 봉사활동에 가깝다. 봉사로 오신 학교 지킴이 선생님이나 학교 보안관 선생님들도 하루에 4만 원을 받는데 이건 아무리 생각해도 너무하다. 그냥 집에 있는 게 나으려나. 갑자기 열심히 일하는 민서의 모습이 떠올라 슬프고 화가 난다. 그곳에 취업시킨 내가 너무 싫다.

얼마 전 민서 어머니와 통화를 했다. 민서가 취업한 때로부터 10년이 지났는데 아직도 월급이 그대로라고 한다. 어머니도 민서도 이직을 하고 싶은데 마땅치 않다고 하셨다. 어머니께 동의를 구하고 이곳저곳을 알아봤다. 다행히 민서는 지금 더 좋은 조건의 보호작업장과 연결이 되어 이직을 준비하고 있다.

고등학교를 졸업하면 졸업 후 어떤 삶을 살아야 할지 고민이 생긴다. 비장애학생은 대부분 대학에 진학하고, 대학 생활이 끝나면 취업을 한다. 우리 아이들도 정도의 차이가 있겠지만 대부분 진학 또는 취업을 한다. 비장애학생은 갈 수 있는 대학이 많아 비교적 자유롭지만 발달장애 학생들은 갈 수 있는 대학의 문이 몹시 좁다. 몇 개의 인가대학(학사학위가 나오는 대학)을 제외하면 대부분 복지관이나 사설 단체가 운영하는 비인가대학(학사학위가 나오지 않는 대학)이고, 이마저도 수요가 많아 가기가 쉽지 않다.

특수교육 현장은 예전부터 학업보다는 취업에 중점을 두고 있다. 능력이 좋은 아이들은 비장애인이 다니는 회사에 취업하기도 하지만 대부분 장애인으로만 구성된 보호작업장이나 근로사업장에 취업한다. 간혹 장애인표준사업장인 대기업 자회사에 취업하기도 하는데 모양만 대기업이지 사실은 장애인 고용을 제대로 하지 못해 벌금 내는 걸 피하려고 만들어 낸 회사인 곳도 많다. 그런 직장에서는 비장애인 직원의 작업 환경에서 분리될 뿐만 아니라 기업의 월급과 복지 제도를 누리지 못하며 최저임금을 받고 일하게 된다. 비장애인과 같은 작업 환경에서 똑같은 대우와 조건으로 일한다면 자연스럽게 장애인에 대한 인식이 개선될 텐데 아쉬울 따름이다. 장애 출현율을 고려해 전체 직원의 5~10퍼센트 정도만큼이라도 장애인을 고용한다면 좋겠지만 현실은 그렇지 못하다. 자회사 형태는 그나마 좋은 조건이다. 보호작업장에 취업하면 최저임금마저도 못 받는다. 보호작업장은 최저임금 적용에서 제외되기 때문에 보통 10~30만 원 정도의 월급을 받고 일한다. 문제는 이런 곳마저도 가지 못해 갈 곳이 없는 아이들은 돈을 내며 기관을 이용해야 한다는 것이다.

생산 능력만을 취업 기준으로 삼는 현실에서 벗어나지 못한다면 이 같은 상황은 계속될 것이다. 회사가 장애인을 고용하면 지원받을 수 있는 고용장려금을 확대하고 장애인이 회사에서 적응할 수 있도록 별도의 인력을 지원한다면 일반 회사도 적극적으로 장애인을 고용할 것이다. 이와 함께 장애 의무 고용률을 어길 때 내는 벌금의 액수를 고용하지 않으면 안 될 정도로 많이 올려 책정한다면 회사는 더 적극적으로 장애인을 고용하려 하지 않을까? 보호작업장도 생산을 위해 오로지 작업 활동만 주문할 게 아니라 보호와 돌봄을 제공하는 역할도 다해야 할 것이다.

아울러 일하는 데 어려움이 더한 중증장애인의 직업

과 취업에 대해서는 일반적인 개념에서 변화를 꾀해야 한다. 일을 해서 생산성을 높이고 수익을 만들어 내는 구조 안에서만 직업과 취업을 다룰 게 아니라, 누구나 그럴듯 출퇴근을 하고 본인에게 맞는 일을 하면서 동료를 만나고 일상생활을 할 수 있는 환경의 측면으로 봐야 할 것이다. 장애를 가진 사람들에게까지 능력에 따라 삶이 정해지게 하는 건 너무 가혹한 일이니 말이다.

3부

누구나 장점은 있어

모두가 잘날 수는 없어.

모든 걸 잘할 수도 없어.

하지만 누구나 장점은 있지.

실수투성이처럼 보여도 말이야.

진흙 속에서 빛나는 진주처럼

우리도 빛나는 걸 품고 있어.

내 안에서 가능성을 찾고

그걸 조금씩 발전해 나간다면

우리만의 빛나는 장점을 만날 수 있을 거야.

학수

학수는 매트에 누워 있을
때만큼은 자신이 싫어하는
활동을 안 해도 됐다.

이름	이학수
학년	고등학교 2학년
가족	엄마, 아빠, 누나
좋아하는 것	컴퓨터, 수영, 맛있는 것
잘하는 것	달리기
꿈	아빠와 산책하기
생활신조	오늘도 즐겁게!
강점	신체 건강하다.
특징	웃는 모습이 매력적이다.

타잔

오늘도 학수는 복도를 달린다. 옷은 어디로 갔는지 알 수가 없다. 학수를 마주친 선생님들은 괴성을 지르며 외친다.

"악, 내 눈!"

매일 보는 광경이라 하는 말이다. 이런 반응이 재밌어서 달리는 건지 그냥 옷을 벗고 복도를 내달리는 게 좋은 건지 당최 알 수 없지만, 오늘도 학수는 열심히 복도를 달린다.

인간 만들기 프로젝트 1

학교에서 교사의 남녀 숫자는 여자가 압도적으로 많다. 특수교사도 마찬가지다. 그래서 아이들은 학교에 입학해 졸업할 때까지 남자 담임 선생님을 만날 일이 잘 없다. 학수도 그랬다. 고등학교 2학년이 되기 전까지 학수의 담임 선생님은 늘 여자였다. 학수는 덩치가 크고 힘이 좋았기 때문에 고집부리며 힘으로 밀어붙이면 아무래도 여자 선생님이 당해 내지 못하는 경우가 많았다. 그런 이유로 학수는 자기가 원하는 걸 대부분 얻어 냈다.

옷을 벗고 복도를 뛰어다니고, 교실 컴퓨터를 마음대로 조작하며 수업을 방해하고, 옷을 입은 채로 수영장에 뛰어들고, 식사 시간에는 추가 배식대에서 손으로 음식을 퍼먹어도 아무도 학수를 제지할 수 없었다. 끈기를 가지고 원하는 걸 얻어 낼 때까지 고집을 부렸기에 그동안 모두 두 손 두 발을 들었다. 담임 선생님은 많은 아이를 지도하는 입장이라 한 명에게만 매달리기는 어렵다. 사회복무요원에게 학수를 맡기는 것도 한계가 있었다.

집에서도 마찬가지였다. 학수는 집에서도 똑같이 부모님과 누나를 힘들게 했다. 부모님의 소원은 학수와 주말에 조용히 산책하는 거였다. 나는 부모님의 소원이 이뤄지길 바랐다. 부담임 선생님, 보조 선생님과 각자의 역할을 나누고 내가 학수에게 좀 더 많은 시간을 할애하기로 했다. 학수의 행동 중 먼저 지켜봐야 할 건 크게 다섯 가지였다.

1. 의자에 앉지 않고 돌아다니는 것
2. 옷 벗는 것
3. 수영장에 뛰어드는 것
4. 수업 시간에 컴퓨터하는 것
5. 식사 시간에 마음대로 행동하는 것

이 행동을 우선적으로 본 이유는 다른 학생과 교사에게 피해를 주거나 본인에게 위험한 행동이기 때문이었다. 아버지께서 꼭 인간으로 만들어 달라고 하셨다. 나는 한 해 동안 학수를 꼭 변화시키기로 마음먹었다.

인간 만들기 프로젝트 2

학기 초, 학수와 함께 학교를 돌아다녀 보았다. 학수는 생각보다 얌전히 잘 따라다녔다. 한 번씩 본인이 가고 싶은 방향으로 휙 돌아설 뿐 뛰거나 도망가지 않았다. 그러다 갑자기 생활실로 가더니 반원 매트 위에 누웠다. 지휘하듯 허공에다 손을 휘저으며 좋아했다. 한참 누워 있다가 생활실을 나서려는데 기어이 반원 매트를 끌고 나온다. 자기만 한 매트를 질질 끌고 복도로 나왔지만 말리지 않았다. 처음에 라포(신뢰 관계) 형성을 잘해야 하기에 일단 매트로 뭘 하는지 살펴볼 생각이었다.

학수는 매트를 교실의 자기 자리 뒤편에 두고는, 그 위에 누워 있길 좋아했다. 다른 선생님들께 양해를 구하고 학기 초 적응하는 동안만이라도 매트를 이용할 수 있게 했다. 학수는 매트에 누워 있을 때만큼은 자신이 싫어하는 활동을 안 해도 됐다. 공부하기, 과제 하기, 의자에 앉아 있기, 학생이라면 응당 해야 하는 일이지만 학수에게는 정말 괴로운 일이었나 보다. 며칠 가만히 두니 옷을 벗고 복도로 뛰쳐나가는 일이 많이 줄었다. 역시 옷을 벗고 달리는 건 학수가 노출증이 있어서가 아니라 하기 싫다는 의사를 표현하는 방법이었던 거다. 그러고 나면 늘 원하는 대로 할 수 있으니 옷 벗는 행동을 자신의 무기로 삼았던 거겠지. 학수의 마음을 눈치챈 후로는 되도록 학수에게 스트레스를 주지 않고 학급에 적응할 수 있도록 도왔다. 학수는 더 이상 옷을 벗지 않았다. 그리고 웃음이 많아졌다. 이게 다 학수를 행복하게 해 주는 그 매트의 힘이었다.

*

그러나 우리는 언젠가 이별해야 함을 알고 있었다. 학수에게 행복을 주는 이 매트를 언제 치울 것인가. 학수는 종일 매트 위에 누워 있기도 했다. 학수를 의자에 앉히고 매트에 누울 수 있는 시간을 정한 다음, 그 시간을 점차 줄이기로 했다. 처음에는 완강히 거부하며 다시 옷을 벗고 교실 밖으로 뛰쳐나갔다. 의자에 앉으라고 하면 교실 컴퓨터로 달려가 화풀이를 하며 수업을 방해했고, 이때마다 수업은 중단됐다. 뭐든 끝까지 하는 사람이 이기는 법. 몇 번의 위기가 있었지만 나는 참을성 있게 학수를 달래고 가르치며 매트에 눕는 시간을 조금씩 줄여 갔다. 시간이 지나면서 학수도 이러한 규칙(과 애절한 나의 마음)을 이해했는지 거부하던 행동이 조금씩 줄어들었다. 또 잘한 일이 있으면 매트에 잠시 누워 쉴 수 있도록 했다.

어느 날 학수는 매트 없이 자리에 앉아 하루를 보냈다. 그 후로 가끔 매트가 그리워 생활실로 뛰어가기도 했지만 잠시 그 자리에 누웠다가 다시 교실로 돌아왔다. 그렇게 매트와 학수는 첫사랑처럼 가끔 생각나서 찾아가고 싶지만 서서히 흐려져 가는, 지나간 사이가 되었다.

인간 만들기 프로젝트 3

이 프로젝트에서 제일 힘들었던 건 식사 예절 교육이었다. 학수는 첫 식판을 다 먹고 추가 배식대에 가서 좋아하는 음식을 여러 번, 아주 많이 퍼 갔다. 이걸 제지하면 힘으로 밀어붙이고 손으로 마구 집어 먹었다. 그래서 일단 학수가 추가 배식을 받을 수 없도록 우리 반 식사 테이블 위치를 조정했다. 학수가 추가 배식을 받으러 가는 길엔 바로 옆에 앉아 있는 나를 포함해 다섯 명이 버티고 있었다. 이 다섯 명이 전부 자리를 비켜 줘야 추가 배식대로 갈 수 있었다.

처음엔 편하게 먹게 했다. 조금 지나고선 추가 배식은 한 번만 받기로 약속했다. 그러나 약속은 지켜지지 않았다. 점심마다 추가 배식대로 가기 위한 전쟁이 일어났다. 처음에는 화를 내며 수저를 집어던지기도 했고, 식탁을 두드리기도 했으며, 먹다 만 식판을 엎기도 했다. 지금껏 누구도 학수를 제지하는 사람이 없었으니 화가 날 만도 하겠지만 지킬 건 지켜야 했다.

나는 전쟁의 선봉장으로서 내 자리를 굳건히 지켜야 한다. 분에 못 이겨 나를 밀치고 꼬집고 물다가 결국 자리에서 일어나 서로의 팔을 꽉 잡고 힘겨루기에 들어간다. 기진맥진할 때까지. 학수가 포기하고 울음을 터뜨리면 교실로 갈 타이밍이다. 큰 울음소리는 청각이 예민하거나 울음소리에 민감한 아이들에게 영향을 주기 때문이다.

자, 지금부터 2차전이 시작된다. 순순히 따라올 학수가 아니다. 내가 나가려는 자세를 취하면 빈틈을 노려 재빠르게 추가 배식대로 달려들어 맨손으로 음식을 집어 먹는다. 겨우 진정시켜 데리고 나가면 계단이 기다리고 있다. 학수는 올라가지 않으려 버티고, 나는 학수를 뒤에서 밀어 올린다. 80킬로그램이 넘는 몸을 받치며 4층 계단을 오르고 나면 종종 삼킨 밥이 거친 숨과 함께 콧구멍으로 튀어나온다.

그래도 다행인 건 이런 야단법석이 이어지면서 학수도 이 규칙을 어느 정도 이해하게 됐다는 거다. 서너 달이 지나고서는 약속을 지키기 시작했다. 맞은편에서는 부담임 선생님이 앉아 편식하지 않도록 가르쳤다. 학수는 학년이 끝날 때쯤 추가 배식 한 번으로 식사를 깔끔하게 마치는 아이가 돼 있었다. 식사가 끝나면 기분 좋게 식판을 정리하고 웃는 얼굴로 교실로 올라갔다.

전쟁 같았던 식사 지도 덕분에 학수와 나는 서너 달 동안 점심을 제대로 먹지 못했다. 그러면서 살이 빠졌더랬다. 학수나 나나 다이어트가 필요했으니 잘 됐다. 살이 빠져 보기 좋다고 한 분도 많더라. 덕분에 한동안 숨어 있던 턱선이 보여서 내심 좋았는데, 원만한 식사 시간이 시작되고 한 달이 채 되지 않아 우리 둘 다 옛 모습으로 돌아왔다.

대우가 생각나는 밤이다.

소원과 소망

학수는 이제 늘 웃는 아이가 됐다. 우리는 더 이상 복도에서 옷을 벗고 뛰는 학수를, 수업 시간에 컴퓨터를 마음대로 해서 수업을 방해하는 학수를 마주하지 못했다. 수업 시간에 자리에 얌전히 앉아 수업에 참여했고, 컴퓨터는 쉬는 시간에만 사용했다. 교실에서 잘 지내다 보니 물을 찾아 수영장에 뛰어드는 일도 없어졌다. 주변 선생님들도 학수의 변한 모습에 놀랐다. 매일 복도에서 보던 아이를 보지 못하니 전학을 갔냐며 학수를 찾으러 온 사람도 있었다.

이렇게 학수에게 놀라운 변화가 생기고 잘 성장할 수 있었던 건 부모님의 적극적인 지원과 믿음이 있었기 때문이다. 어떤 계획을 세우고 이렇게 해 보는 게 어떨겠냐고 말씀드리면 항상 좋다고 하셨다. 교사를 항상 믿고 따라 주셨다. 나 역시 그 믿음에 보답하고 싶어 노력했다. 또, 부담임 선생님의 역할이 컸다. 뭐든 긍정적으로 생각하고 학수를 위해 많이 고민하며 지도를 도왔기에 학수가 변할 수 있었다.

10월쯤 되던 어느 날 학수가 아버지와 함께 아침 일찍 등교했다. 학수 아버지는 내 손을 잡고 지난 주말 둘이서 서울숲 산책을 다녀왔다고 하시며 감사하다는 말을 되풀이하셨다. 생각보다 빨리 아버지의 소원이 이뤄졌다. 아버지의 소원을 이뤄드리고 싶다는 나의 소망도 함께 이뤄졌다.

도와주는 사람

가을이 지나 손발이 제법 시린 날이 찾아올 때쯤 학수는 학교에서 잊혀졌다. 학교생활을 너무 잘하다 보니 눈에 띄지 않았기 때문이다. 부담임 선생님이 이제 학수가 잘할 수 있는 일을 만들어 보자고 했다.

그러고 보니 그동안 학수는 늘 말썽꾸러기에 문제아였다. 학수도 무언가 잘할 수 있을 거란 생각을 해본 적이 없었는데 지금의 모습을 보니 충분히 할 수 있을 것 같았다. 학수도 여러 사람에게 칭찬받으며, 다른 친구를 도와줄 수 있는 아이가 될 수 있을 거라 믿었다. 두 가지를 목표로 했다. 하나는 이동할 때 학수가 다른 친구를 도와주는 것, 다른 하나는 아침에 학급 우유를 가져오는 것.

목적지까지 가는 데 도움이 필요한 친구의 손을 잡고 이동하도록 했다. 학수는 어려움 없이 친구를 잘 인도했다. 보는 사람마다 놀랐고, 칭찬했다. 학수는 아는지 모르는지 마냥 웃고만 있었지만 말이다. 이런 일을 전할 때마다 부모님께서는 너무나 기뻐하셨다.

학급 우유를 가져오는 건 한 달 정도 훈련했다. 우유가 있는 곳까지 여러 번 동행해 오가는 길을 익혔다. 수 개념을 어려워하는 학수를 위해 우리 반의 우유통에 아이들 숫자만큼의 칸막이를 만들어 붙였다. 그 칸에 우유를 하나씩 넣으면 된다고 알려 주고 함께 연습했다. 그렇게 한 달 후, 학수는 우리 반 우유 담당이 됐다. 늘 도움받던 학수가 도움을 주는 사람이 된 거다. 부담임 선생님 덕분에 시작된 일로 학수는 새로운 삶을 살게 됐다. 조금만 바꿔 생각하면 장애 정도에 상관없이 누구나 자신만의 역할로 서로 도우며 살 수 있다는 걸 배운다.

다 이유가 있다

상동행동은 같은 동작을 규칙적으로 반복하는 행동을 말한다. 특별한 상황에서 발생하기도 하고 상황과 상관없이 일정한 시간 간격으로 나타나기도 한다. 의자에 앉아 계속해서 상체를 앞뒤로 흔들거나, 말하면서 손을 계속 위아래로 흔들거나, 방 안에서 쉬지 않고 왔다 갔다 하는 식이다. 장애 당사자에게는 상동행동 하는 이유가 있겠지만 타인은 그 목적을 알기 어렵다.

학수도 상동행동을 한다. "이- 이-" 소리 내며 고개를 끄덕끄덕하다가 허공을 바라본다. 그러면 나도 학수 옆에 앉아 "이- 이-" 소리 내며 고개를 끄덕끄덕하고는 허공을 바라본다. 왜 이런 행동을 하는지, 지금 어떤 감정을 느끼고 있는지 궁금하기에. 하지만 허공엔 아무것도 없다. 학수가 뭘 보는지 왜 그러는지 나는 알 수 없다. 천 길 물속은 알아도 한 길 사람 속은 모른다더니…. 옛말이 틀리지 않음을 다시 배운다.

누구나 이유는 있다. 학수도 이유가 있을 거다. 그 모습 또한 학수니까. 오늘도 열심히 학수 옆에 함께 앉아 "이- 이-" 소리 내며 고개를 끄덕끄덕하다가 허공을 바라본다.

*

학수의 마음을 알 듯 말 듯 하다가 새 학년이 시작됐다. 그렇게 학수가 아닌 새로운 아이들과 함께하며 학수가 옅어질 때 즘, 지인의 추천으로 <챔피언스>라는 영화를 보게 됐다. 발달장애인 농구팀의 이야기를 유쾌하게 풀어낸 영화다. 영화 속에서 마누엘이라는 인물은 끊임없이 상동행동을 한다. 누군가 그에게 조심스럽게 물어봤다.

"마누엘."

"네."

"질문 하나 해도 될까?"

"네."

"왜 이런 행동을 하는 거니?"

"시간이 빨리 가게 해 줘요."

아아, 그냥 한번 물어볼걸. 학수에게 왜 "이- 이-"

소리 내며 고개를 끄덕끄덕하다가 허공을 바라보는지. 그냥 물어보면 될 것을, 왜 교만하게도 타인인 내가 그 이유를 알아차릴 수 있을 거라 생각했을까? 학수도 시간이 빨리 흐르길 바라서 그랬을까? 내 수업이 지겨워서 그랬나? 몹시도 궁금해 잠이 안 오네. 다음에 만나게 되면 꼭 물어봐야겠다.

학수야, 왜 "이- 이-" 소리 내며 고개를 끄덕끄덕하다가 허공을 바라보니? 응? 왜? 왜?

교육 목표를 정하기 전에 아이에 대한 평가를 한다. 이때 아이의 능력을 과소 또는 과대 평가하는 경우가 많다. '우리 아이는 이런 거 못할 거야. 우리 아이한테는 이거 너무 어려워.' 혹은 '우리 아이는 이런 거 당연히 할 수 있지.' 등의 걱정과 지레짐작은 아이의 성장을 가로막는 가장 큰 장벽이다. 모든 걸 아이의 입장에서 생각하는 습관이 필요하다. 학수를 문제만 일으키는 아이라고 생각했다면 도전적 행동•을 막는 데만 급급했겠지만 학수가 잘할 수 있는 것을 찾고자 하니 성장할 수 있었다. 특수학급에서 만났던 한 친구는 스스로 할 수 있는 일이 많은 아이였는데, 한번은 이런 일이 있었다.

• 일반적으로 자신이나 타인에게 해가 되는 행동을 지칭한다. 언어적 의사소통이 어려운 발달장애인이 불만, 욕구 등을 행동으로 표현하는 의사소통 방식이다.

화가 난 선생님들과 달리 그 아이는 차분하고 천진난만한 표정이었다. 그 아이는 한 손에 빨간색 스탬프 패드를, 다른 한 손에는 비닐장갑을 끼고 있었고 화가 난 선생님들은 빨간 손자국이 찍힌 옷을 들고 있었다. 아이는 평소 스스로 본인의 행동을 억제하며 보통의 기준을 지키려고 늘 애썼다. 일반학급에 가서도 티 내지 않으려고 규칙을 벗어나지 않으려고 노력했고, 그 과정에서 선생님에게 인정받고 칭찬받길 원했다. 그러다 간간이 원인 관계를 모를 이유로 "차별이다!"라는 소리를 지르곤 했다. 그래도 고3이 되기까지 탈 없이 잘 지냈다. 하지만 애쓰는 기간이 길어지다 보니 한번 큰 일탈을 꿈꿨나 보다.

전날 <런닝맨>에서 스탬프를 상대방에게 몰래 칠하는 게임을 봤다고 했다. '학교에서 해 보고 싶다. 들키지 않으면 되겠지?'라는 생각에 평소보다 일찍 집을 나섰고, 학교와 멀리 떨어진 곳까지 찾아가 빨간색 스탬프 패드와 비닐장갑을 구입했다고 했다. 들키지 않고 최대한 많이 묻힌다는 자신의 룰을 정하고, 한 손에는 비닐장갑을 끼고 다른 한 손으로 스탬프 패드를 들고 여기저기 대상자를 찾았다. 그 대상자는 평소에 아이에게 잘 대해 주던 선생님들이었다. 그렇게 세 명의 선생님 옷에 손 도장을 찍다가 발각됐다. "아, 아쉽다. 더 할 수 있었는데."라고 얘기를 하는 바람에 선생님들이 분노해서 사건이 커졌다. 다행히 부모님을 모시고 선생님들과 이야기하며 잘 마무리하기는 했지만.

며칠 뒤 그 아이는 교실에서 또다시 차별을 운운하며 쉬는 시간에 큰 소리를 질렀다고 한다. 담임 선생님의 요청에 나는 그 아이와 상담을 하게 됐다. 잘해 왔으니 조금만 더 참자, 잘하고 있다며 타일렀지만 계속해서 딴지를 거는 그 아이에게 나도 모르게 화를 내 버렸다. 근데 갑자기 그 아이가 울면서 하는 말이,

"왜 나는 안 불러요? 왜 담임이 나는 안 부르고 다른 애들만 부르냐고요?"

참다 참다 억누른 한을 뱉어 내듯 던진 그 말을 듣고 나니 이제야 이해가 됐다. 그 아이는 자신이 관련된 일에 비장애학생들만 불러서 이야기하는 게 이해가 안 됐던 거다. 본인도 이 반에 소속된 학생인데 담임 선생님이 자신에게는 그 무엇도 물어보지 않아서 서러웠던 거다. 가끔 담임 선생님 중에 장애학생의 일은 무조건 특수교사에게 전달하는 경우가 있다. 그 아이 담임 선생님이 그랬다. 좋고 나쁨의 이야기는 아니다. 이야기를 다 듣고 그 아이에게 사과했다. 오해해서 미안했다고, 혼내서 미안했다고.

아이를 반으로 돌려보내고 담임 선생님에게 그 아이의 마음이 이러이러하니 바쁘시더라도 한번 불러 이야기를 들어달라고 부탁했다. 그렇게라도 그 아이의 마음이 풀렸으면 했다. 안타깝게도 그 아이가 졸업하기까지 이 부탁은 받아들여지지 않았다. 그 아이는 그렇게 자기 반에 소속되지 못한 채 졸업을 했다. 아이가 졸업하는 날 그때 이야기를 꺼내며 대신 사과의 말을 한 번 더 전했다.

학창 시절 아픈 기억으로 자리 잡지 않았으면 했다.

내가 먼저 그 아이의 입장에서 생각했다면 좋았을 텐데. 함부로 판단하지 않고, 차별이라고 하는 아이의 말을 잘 들을걸. 평소에 잘한다는 이유로 참으라고만 한 게 후회된다. 아이들을 향한 과소 평가도 과대 평가도 모두 멈추고 아이의 마음을 살피는 교사가 돼야겠다.

학수 아우라

학수는 완전히 달라졌다. 까까머리에 동글동글한 얼굴로 환하게 웃는 모습이 너무나 인자해 마치 깊은 산사에서나 볼 법한 불상 같았다. 그래서 학수가 환하게 웃고 있으면 나와 부담임 선생님은 함께 합장을 하며,

"아이고, 학수님. 오늘 하루도 무탈하게 잘 부탁드립니다."

하고 고개를 숙였다. 그 의미를 알려나 모르겠지만 학수는 우리를 따라서 손바닥을 맞대고 고개를 숙이기도 했고, 숙인 나의 머리를 쓰다듬어 주기도 했다.

새로운 학교로 발령받은 지 2년쯤 됐을 때 우연히 학수네 학교 앞을 지나고 있었다. 순간 강한 빛이 느껴졌다. '학수 아우라'가 틀림없었다. 우리는 이 후광을 그렇게 불렀다. 주위를 살피니 역시 학수가 웃고 있었다. 현장 실습을 나왔다가 학교로 돌아가는 길이었던 모양이다. 학수는 친구의 손을 잡은 채 앞서 걷고 있었다. 이름을 크게 부르고 싶었지만 민권이처럼

도망갈까 싶어 꾹 참았다. 밝은 학수의 미소를 기분 좋게 한참 동안 바라만 봤다.

2학년 1반

그래도 후회는 없다.
가장 힘들었지만
가장 행복했던 한 해였다.

이름	2학년 1반
학년	고등학교 2학년
가족	대근, 경민, 지훈, 미진, 소연, 선호, 성진, 주원, 상규
좋아하는 것	소풍
잘하는 것	춤추고 노래하기
꿈	평화로운 학교
생활신조	각자도생
강점	강한 개성
특징	달라도 너무 다른 우리

눈치 게임

12월이 됐다. 어김없이 서로의 눈치를 보며 자신이 담임이 되고자 하는 희망 학년을 적는다. 누구나 힘든 일은 피하고 싶은 법. 좋은 반을 맡게 되면 1년이 편하니 당연히 좋은 반을 희망할 수밖에 없다. 다들 사람이다 보니 누구 하나 꾀부린다고 뭐라 할 것도 없었다. 보통 초등학교 선생님은 고학년인 5~6학년을, 중학교 선생님은 이유 불문하고 중2를, 고등학교 선생님은 입시 지도가 힘든 고3을 피한다.

특수학교는 다른 면이 있다. 특정 학년을 꺼리는 일반학교와는 다르게 특수학교는 특정 학생들이 있는 학년을 예의 주시한다. 예를 들어 어느 학년에 앞으로 이야기할 2학년 1반 아이들처럼 말로 의사소통하기 어려워 도전적 행동을 자주 하거나, 대소변을 처리하지 못하고, 혼자서 밥을 먹거나 걷기에 불편한 아이들이 많다면 그 학년은 전공과를 졸업할 때까지 매년 피하고 싶은 학년이 된다.

하지만,

"우리가 아이들 가려 받으려고 특수교사 하는 건 아니잖아?"

그렇다. 맞는 말이다. 그래서 조심스럽게 지금껏 그 누구도 희망하지 않았던, 그 아이들이 있는 학년을 적어 본다. 대근이와 아이들이 있던 고등학교 2학년. 지금은 다 지났으니 추억하는 걸지도 모른다. 고등부 2학년을 지원한 그해, 나는 교직생활에서 잊을 수 없는 한 해를 보냈다.

폭군이 가져다준 청탁

사실 이 학년을 피하는 가장 큰 이유는 대근이다. 대근이는 키 175센티미터에 몸무게 90킬로그램인 단단한 사나이다. 힘이 장사여서 세 명이 앉을 수 있는 긴 책상도 들어서 던질 수 있다. 실제로 나를 향해 여러 번 던졌으니 확실한 사실이다. 그래도 상대를 향한 믿음이 생기면 제법 귀여워진다. 물론 믿음을 얻기까지의 과정을 겪지 못하고 실패하는 경우가 많지만 말이다.

대근이는 우리 생각에 이유 없이 화내는 일이 많았다. 이유야 있었겠지만 발화가 어려운 편이라 대근이의 마음을 알기가 쉽지 않았다. 눈치껏 이래저래 달래다가 실패하면 폭군이 되고 만다. 손에 잡히는 모든 걸 집어 던지고, 끌어당겨 물고, 때린다. 대응하는 교사도 위험하지만 대처 능력이 부족한 같은 반 아이들이 더 위험하다. 대근이가 폭군이 되면 나머지 아이들은 보조 선생님과 함께 다른 곳으로 피해야 한다. 그러면 교실에는 나와 대근이만 남는다.

나도 두렵다. 하지만 나마저 피하면 교실의 모든 물건이 부서지고, 부서진 파편으로 인해 대근이가 다칠 수 있으니 나는 모든 상황에 함께 있어야 한다. 둘만 남으면 대근이의 타깃은 오로지 나다. 모든 화력이 내게 쏟아진다. 나름대로 버텨 보지만 체격 차이가 커서 이겨 낼 수가 없다. 그렇게 시간을 끌다 보면 주변에 있는 사회복무요원들과 남자 선생님들이 합세해 겨우 진정시킨다. 이미 교실은 난장판이고, 내 몸도 마음도 만신창이가 된다. 대근이가 일부러 그랬을 리는 없지만 이런 일이 있을 때마다 상처투성이가 된다. 별다른 해결책은 없다. 풀리지 않는 숙제 같은 것이다. 간혹 누군가는 이런 상황을 교사 능력이 부족한 탓이라고 하지만 와서 겪어 보면 알게 될 것이니 섭섭하진 않다.

그해 대근이뿐만 아니라 다른 아이들에게도 어려움이 많았고, 학교 일까지 많아지면서 밤 열 시가 돼야 겨우 퇴근하기를 몇 달 하고 나니 몸이 버티질 못했다. 결국 입원해서 허리 수술을 받았다. 며칠 쉬고 다시 복귀했지만 변한 건 없었다. 보조 인력 지원도 어려웠다. 당시 보조 인력을 추가로 지원해 달라고 했

을 때 교감 선생님에게서 들었던 가장 섭섭했던 말은,

"나도 허리 아파."

였다. 그렇다고 나까지 아플 필요는 없었는데. 괜히 어려운 반을 지원했다는 생각을 그때 처음 했더랬다. 나는 지금도 허리가 아프다.

*

한번은 아이들을 데리고 근처 영화관에 갔었다. 대근이 옆에 딱 붙어서 영화를 무사히 다 보고 나오는데, 대근이가 음료수 자판기를 봤다. 손가락으로 자판기 버튼을 누르며 소리를 질렀다. 음료수를 그냥 사줬더라면 별일 없었겠지만 그래도 규칙이란 게 있고 내 교육 철학에도 맞지 않았기에 사 주지 않았다. 졸업하고 사회에 나가서 허용되지 않는 건 학교 안에서 미리 배워야 한다고 생각하기 때문이다. 결국 그날 대근이는 폭군이 됐다. 다른 아이들을 서둘러 학교로 돌려보냈다. 대근이와 나는 한 시간 가까이 대치했다. 영화를 보러 온 사람들 앞에서 우리는 느와르 영화를 찍었다.

겨우 대근이의 마음을 누그러뜨리고 함께 학교로

돌아가는 길이었다. 비가 내렸다. 대근이의 오른쪽 신발 밑창이 터져 있었다. 할 수 없이 내 오른쪽 신발을 벗어 줬고, 나는 한쪽 신발만 신은 채 학교로 돌아왔다. 교문에 들어서는데 빗물인지 눈물인지 모를 서러움이 한없이 밀려왔고, 학교에서 아이들 하교를 기다리던 부모님 몇 분이 우리의 모습을 보며 놀라셨다. 대근이는 학교로 돌아와 피곤한지 엎드려 있었고, 나는 대근이에게 슬리퍼를 갈아 신겨 줬다. 돌려받은 내 운동화는 나보다 곱절은 큰 대근이의 발을 견디지 못해 터져 있었고, 그 신발을 집어 든 나는 분노와 서운한 마음을 멈출 수 없었다.

어쩔 수 없다. 터져 나오는 감정을 억누르며 터진 신발을 들고 집으로 돌아왔다. 그래도 좋은 점은 있었다. 새 신발을 산 것과 이날의 장면을 본 부모님들이 나를 몹시 신뢰하고 칭송해 주셨다는 것. 헌 신은 가고 새 신과 함께 명성이 찾아왔다.

“선생님~ 내년엔 우리 아이들 좀 맡아 주세요~”

이보다 기분 좋은 청탁이 있을까?

학교도 직장이다. 아직도 교사는 노동자가 아니라는 이야기를 하기도 하지만 엄밀히 말하면 나는 교육이라는 노동을 하고 월급을 받고 있다.

상대적으로 아이들의 장애가 중증인 특수학교에서 근무할 때 특수교사로서 겪게 되는 가장 힘든 일은 폭력에 노출되는 것이다. 폭력적인 행동으로 도전적 행동을 하는 아이들을 마주할 때면 자주 다치곤 한다. 물론 그 아이들이 나를 다치게 하려고 의도적으로 주먹을 휘두르지는 않는다.

요즘은 긍정적 행동 지원, 행동 치료 등 많은 방법으로 아이들의 도전적 행동을 줄인다고 하지만 이런 아이들이 한 반에 여러 명 있으면 사실 쉽지 않다. 게다가 인력도 많이 부족하기에 쉽게 해결되지 않는다. 다행히 마음씨 착한 부모와 교사를 지켜 주는 관리자를 만난다면 마음은 다치지 않지만, 특수교사는 당연히 맞아도 된다고 주장하는 일부 학부모를 만나거나 학부모 민원을 막고자 교사들 편에 서지 않는 관리자를 만나게 되면 몸도 마음도 상처투성이가 된다.

한편 근래 특수학교에서 발생한 교사, 사회복무요

원 등이 장애학생에게 폭력을 가한 사건을 보면서 많은 걸 느꼈다. 피해를 입은 아이들에게 무척 미안한 마음이 들었다. 그러면서 불거졌던 것이 특수학교, 특수학급에 CCTV를 설치하자는 말이었다. 반가운 소리다. 아이들을 교육하다 보면 하루에도 몇 번씩 어려운 상황이 생긴다. 모든 아이를 보호하기 위해 적극적으로 개입하다 보면 오해를 살 수도 있기에 CCTV는 교사와 학생 모두를 보호하는 하나의 좋은 방법이기도 하다. 단, 교사나 아이들이 다치게 되면 CCTV를 확인한 이후의 해결이 확실히 이뤄져야 한다. 아이들 측의 "우리 애들이니 그럴 수도 있다."거나 교사 측의 "교육하는 상황이라 어쩔 수 없었다."는 주장은 서로의 갈등을 부추길 뿐이다.

사실 특수학급에 CCTV를 설치하자는 말은 정말이지 문제를 제대로 살피지 못한 발언이다. 일반학교에서 일어나는 문제 상황은 대부분 특수학급이 아닌 일반학급에서 일어난다. 특수학급에 CCTV를 설치하자고 하는 건 특수교사를 잠재적 범죄자로 생각하거나 학교 현장을 전혀 모르는 경우다. 서로가 이해는 하되 확실한 기준과 선이 있어야 문제를 해결할 수 있고, 발전할 수 있다. 서로에게 일방적인 이해와 양보만을 요구하면 상처가 될 뿐이다.

그래도 다행인 건 힘든 일이 매일 있지만, 즐거운 일 역시 매일 있다는 사실이다. 하루하루 예상하지 못한 즐거운 일이 일어나 웃음이 끊이질 않는다. 누군가 얼마 전 내게 이 힘든 일(특수교사는 힘든 일이라 생각하는 분들이 많다.)을 지치지 않고 계속하게 되는 원동력이 무엇이냐 묻기에 망설임 없이 '힘듦을 넘어서는 즐거움'이라 답했다. 아마도 특수교사는 이 세상에서 가장 많이 웃을 수 있는 직업일 거다.

손끝의 모스부호

경민이는 유명했다. 여자만 보면 달려들었다. 어디서 보고 배운 건지 물컵에 물을 담아 들고 다니며 좋아하는 여자 선생님이나 여자아이를 찾아가 물을 뿌리고는 "오예~ 오예~"를 외쳤다. 다른 사람에게 물을 뿌리는 행동은 하면 안 된다고 말해도 쉽게 고쳐지지 않았다. 다행히 경민이는 전조 증상이 있었다. 욕망이 폭발하는 날에는 어느 것에도 집중하지 못하고 두 손의 손가락 끝을 부딪치며 혼잣말을 했다. 이런 날은 특별히 신경 써서 경민이를 따라다닌다. 놓치는 순간, 손에는 물컵이 들려 있고 경민이는 달리고 있다.

학교 행사를 하는 날이었다. 여러 가지 과학 원리를 체험하는 큰 행사였는데 물풍선 터트리기와 물총 싸움도 있었다. 경민이에겐 축복이었다. 등굣길에 운동장의 물풍선과 물총을 본 경민이는 기분이 너무 좋아 쉬지 않고 두 손의 손가락 끝을 부딪치며 혼잣말을 했다. 이럴 줄 알고 경민이와 우리 모두의 즐거운 물놀이를 위해 계획을 세웠다. 전날 학교를 돌아보며 우리의 동선을 그렸다. 우리 반이 참여하는 프로그램은 무엇이고, 시간은 얼마나 걸리고, 위치는 어디에 있는지를 살피며 말이다. 다른 반이랑은 어떻게 겹치는지도 알아 뒀다. 그렇게 해서 우리 반이 물놀이할 수 있는 가장 한산한 시간대를 찾았다. 미리 여러 선생님과 사회복무요원에게도 협조해 달라 부탁해 뒀다.

계획한 순서대로 아이들과 행사를 즐겼다. 오후 일정이 끝날 무렵 운동장에는 아이들이 거의 없었다. 우리 반의 시간이다. 여러 선생님과 사회복무요원도 불러 모았다. 경민이를 포함해 우리 반 모두 서로를 향해 격렬하게 물총을 쏘아 댔다. 경민이는 주변에 여자가 있는지 없는지 신경도 못 쓸 만큼 신나게 놀았다.

이렇게 1년을 따라다니며 경민이의 행동을 예방했다. 학기 말 즈음에는 이런 행동이 많이 사라졌다. 여러 사람의 도움이 있기도 했지만, 이 모든 건 경민이가 욕망이 차오를 때마다 손가락 끝을 부딪치며 내게 신호를 보냈기 때문이다. 지금 생각하면 자신을 자제시켜 달라는 경민이만의 모스부호였던 것 같다.

'선생님, 저 좀 진정시켜 주세요. 뚜뚜뚜- 뚜뚜- 뚜루뚜뚜-'

화장실 동지

"선생님이 남자라서 애가 더 이러잖아요."

지훈이 어머니께 처음 들은 말이었다. 지훈이는 뇌전증이 심해 하루에도 여러 번 발작을 한다. 그럴 때면 온몸이 격렬하게 흔들리고 눈이 풀린다. 이럴 때 넘어지기라도 하면 크게 다친다. 그래서 늘 보조 선생님과 함께 있도록 했다. 보조 선생님이 여자분이시라 화장실은 내가 책임졌다. 지훈이는 소변이 마렵다는 의사 표현을 잘 안 해서 시간을 정해 놓고 화장실에 갔다. 휠체어를 이용하는 지훈이를 좌변기로 옮기는 게 보통 일은 아니지만 불편할 지훈이를 생각해 하루에 몇 번씩은 화장실에 함께 갔다.

지훈이는 경기를 일으킬 때 소변 실수를 하는 편이다. 어머니께서는 내가 남자라서 지훈이가 소변 실수를 하는 거라고 하셨다. 여자면 뭐가 다른가. 올해는 화장실에 자주 가서 실수가 줄었다고 들었는데. 억울해도 어쩔 수 없다. 어머니의 기억이 왜곡됐든 아니든 지훈이를 화장실로 데려가는 일은 변치 않는 나의 일이기에 앞으로 더 잘 보살피겠다고 말씀드렸다. 간혹 부모님 중에 이렇게 알 수 없는 상관관계를 가지고 문제 삼는 경우가 종종 있다. 물론 다 자식에 대한 사랑 때문이라는 걸 안다.

지훈이는 걷는 데 어려움이 있다. 어머니는 지훈이를 열심히 일으켜 세워 어떻게든 걷는 연습을 시키셨지만 지훈이의 무게가 점점 늘어나면서 어머니의 허리도 점점 망가졌다. 학교에서도 매일 30분씩 걷는 훈련을 했지만 큰 변화는 없었다. 나는 어머니의 건강이 걱정돼 주민센터에 활동지원사 활용을 문의했다. 지훈이네 상황이면 한 달에 5만 원이면 많은 도움을 받을 수 있다고 했다.

어머니께 상황을 말씀드렸더니 너무나 좋아하셨다. 하지만 아버지의 반대로 활동지원사는 신청하지 못했다. 5만 원이 아깝다며, 엄마가 돼서 그런 것도 못하냐는 말을 들었다고 한다. 어쩔 수 없이 지훈이는 휠체어에 의지할 수밖에 없었다. 마음이 아프고 화가 났지만 내가 그 이상의 일을 할 수는 없었다. 이런 부분은 지역사회에서 지원해 주면 좋을 텐데. 지훈이도, 지훈이 어머니도 아프지 않고 늘 행복했으면 좋겠다.

여느 어머니와 아들처럼.

*

2020년 2월, 지훈이는 하늘나라로 떠났다. 이곳에서의 삶이 지훈이에게 행복했는지 어땠는지 함부로 판단할 수는 없으나 그곳에서는 좀 더 편하게, 그리고 마음껏 뛰어놀길 간절히 바란다.

안아 주고 싶지만

"선생님, 나 이쁘죠?"

매일 아침 미진이는 떡진 머리를 하고 내게 묻는다. 머리 감는 걸 싫어해서 2주에 한 번씩 수영하는 날 억지로 감긴다. 수영하는 날이 다가올수록 미진이의 머리에는 윤기가 흐른다. 그래도 본인 말처럼 이쁘고 사랑스럽다.

그리고 소연이. 소연이는 강박행동이 심하다. 길을 가다 누군가와 부딪히면 다시 돌아가 그 사람의 팔을 몇 번 툭툭 치고 앞으로 두 발, 뒤로 두 발 움직여야만 한다. 소연이도 진짜 사랑스러운 아인데, 집에서 가끔 엄마를 주먹으로 때린다고 한다.

이 아이들은 여자라 남자인 내가 많은 지원을 해주기 어려웠다. 미진이는 늘 내게 안기려고 했고, 소연이는 늘 내 손을 잡으려고 했다. 나는 생활교육을 위해 어쩔 수 없이 도망 다녔다. 사회에 나가서 특별한 사이가 아닌데도 이성에게 일방적으로 접촉하는 건 바람직하지 않기에 생활 속 성교육이 필요하다. 학교생활 중에 배우면 자연스럽게 익힐 수 있다. 그래서 나는 아이들이 달려들 때마다 설명해 주고 도망 간다. 물론 수업 시간에도 따로 가르쳐 준다. 때로는 사랑하는 마음으로 아이들의 손도 잡고, 안아도 보고 싶지만 조심한다. 함부로 그랬다간 교육도 안되고 잡혀가기 일쑤니까.

그렇게 1년을 무사히 보냈다. 종업식 날 부모님께 허락을 구하고 수고했다는 의미로 한 번 안아 줬다. 소연이는 안으면서 두 눈을 질끈 감았다.

"소연이, 너 너무 좋아하는 거 아니야~?"

옆에 있던 보조 선생님이 소연이에게 한마디 하며 등짝에 살며시 스매싱을 선사했다. 괜히 내가 맞는 기분. 이번에도 하나 배웠다. 애초에 오해가 있을 법한 일은 아무리 선한 뜻이라도 하지 않는 게 맞는 것 같다.

꼭, 만나고 싶던

“으으, 으아아!!!!!!!!!!!!!!!!!!”

2층에서 나는 소리다. 이 소리는 하루에도 몇 번씩 복도를 타고 내가 있는 3층까지 들려 왔다. 소리의 주인공은 선호라는 아이였다. 선호는 자주 소리를 지르며 자기 손을 심하게 물었다. 살이 파여 피가 나고 상처가 아물어 굳은살이 되기를 반복해 선호의 손등에는 어디서도 볼 수 없는 굳은살이 자리 잡혀 있었다. 나는 언젠가 선호의 담임이 되고 싶었다. 그냥 선호가 좀 더 행복한 삶을 살 수 있었으면 좋겠다고 생각했다. 조금이라도 도움이 되고 싶은 마음이었다.

선호가 소리 지르는 이유가 궁금해서 소리가 들릴 때마다 달력에 표시를 해 봤다. 아이들의 행동에는 이유가 있기 마련이다. 특정 시간이나 수업, 주말을 지난 월요일이라든지 하는 특정 요일, 그날의 날씨 등도 관련이 있을 수 있다. 일정한 규칙성을 발견한다면 행동의 이유를 더 잘 알아차릴 수 있다. 그걸 알면 선호의 환경을 조정해 소리를 지르거나 손등을 물지 않도록 할 수 있다. 예를 들어 선호가 수학 시간 중 '문제를 푸는 과제가 있는 날'마다 소리를 질렀다면 선호를 위해 더 쉽게 과제를 내거나 선호가 좋아하는 활동을 곁들일 수도 있다. 하지만 일정한 규칙성은 없었고 날씨 탓도 아닌 것 같았다. 담임이 아닌 상황이라 규칙성을 찾기가 쉽지 않기도 했다.

선호가 고등학교 2학년이 되던 해, 우리는 같은 반이 됐다. 선호의 손등에는 아직 굳은살이 자리 잡고 있었다. 그래도 약물 치료 덕분에 정서적으로 많이 안정돼 있었다.

*

선호를 만나면 꼭 해 보고 싶었던 게 있었다. 바로 AAC[•] 적용이다. 선호는 음성 언어 사용이 어렵다. 원하는 것과 원하지 않는 걸 말로 표현하기가 어려운 상황이다. 이로 인해 본인이 하고자 하는 걸 할 수 없게 되면 손등을 물고 소리를 지르거나 몸을 앞뒤로 심

[•] 언어적 의사소통이 어려운 사람의 의사 표현을 보완하거나 대체하는 의사소통 방법. 말 대신 사진, 그림, 글자 등으로 소통한다.

하게 흔드는 행동을 하는 거다. 선호가 본인의 의사를 표현할 수 있게 AAC 적용을 하면 서로 의사소통이 가능해진다. 선호는 선호가 원하는 걸 표현할 수 있고, 나는 선호가 원하는 걸 할 수 있도록 지원할 수 있으니 효과적일 것 같았다.

4월 한 달간 관찰해 보니 선호는 주로 "어- 어-"라는 소리로 의사를 표현했다. 자신만의 방법으로 의사표현을 했는데도 수용되지 않는다 느낄 때 선호는 본인의 손등을 물거나 소리를 지르는 도전적 행동을 했다. 도전적 행동이 많이 보이는 상황은 ①화장실 가고 싶을 때 ②음식을 더 먹고 싶을 때 ③과제하기 싫을 때 ④놀고 싶을 때였다. 선호가 의사 표현을 했을 때 상황과 의도에 맞게 "화장실에 가고 싶어?", "더 먹고 싶어?"라고 묻고 원하는 행동을 하도록 도와주면 도전적 행동이 나타나지 않았다. 다른 상황에도 마찬가지였다. 도전적 행동이 나타나기 전에 미리 선호의 의도를 알아야 한다. 그래야 선호의 도전적 행동을 막을 수 있다.

그림판과 애플리케이션을 활용한 AAC를 사용했다. AAC의 핵심 문장은 ①화장실 가고 싶어요. ②더 먹고 싶어요. ③놀고 싶어요. ④하기 싫어요, 그만할

래요. ⑤고맙습니다. 로 정했다. 자신의 생각을 그림으로 표현하는 훈련을 거치면서 선호는 상황에 맞게 본인의 생각을 표현하게 됐다. 꼭 '말'만 의사소통의 도구가 아니다. 자신에게 잘 맞는 표현 방법이 있다. 그 방법을 찾아 사용할 수 있게 지원하면 된다.

그 결과, 선호의 도전적 행동은 많이 사라지고 대신 웃음이 많아졌다. 가정에서도 그대로 활용할 수 있게 했다. 웃음이 짙어지는 만큼 선호 손등의 굳은살은 옅어져 갔다. 간혹 현장 경험이 없는 분들이 '왜 이것도 못 하냐, 왜 저것도 못 하냐, 이론이 이러한데 안 되는 건 학교와 교사의 탓이다'라고 한다. 할 수 있다고 큰소리치고 싶지만 현장에서 나처럼 이렇게 하는 건 쉽지 않다. 열심히 하는 교사들의 사기를 떨어뜨리지 말고, 시스템과 현장 인력의 부족을 먼저 해결하라고 교육당국을 향해 쓴 소리를 해 주면 감사하겠습니다.

대한민국 모든 특수교사 파이팅.

눕기 신공

성진이는 계속 잔다. 집에서도 계속 잔다는데, 왜 계속 잘까?

한번은 강당에서 배드민턴 라켓으로 풍선 치기를 하는데 성진이가 보이지 않아 찾아 나서니 한쪽에서 풍선을 베고 누워 있었다. 지형지물을 잘 활용하는 걸 보아하니 군 생활을 잘할 것 같다. 성진이는 그렇게 1년 내내 자려고 했고, 나는 1년 내내 깨우려고 했다.

- 끝 -

움직이는 걸까 아닐까

매일 아침 주원이 할머니께선 모닝 똥 보고를 하신다.

"오늘은 똥 잘 눴습니다."

그러다 한 번씩 '아이고, 오늘은 똥을 못 눴네요, 죄송합니다.'라는 문자가 오면 나는 매 쉬는 시간 주원이를 화장실에 앉혀야 한다. 할머니께서 죄송할 것도 없고 주원이가 미안할 것도 없는 일인데 이런 문자를 받으면 괜히 마음이 찡하다.

조금 문제인 건 설사다. 주원이는 요플레나 바나나를 먹으면 다음 날 꼭 배탈이 난다. 할머니께서 되도록 안 주려고 하시지만 먹는 데에는 또 적극적인 주원이다. 잠시 한눈파는 사이 기어이 먹고 말 때가 있다. 언젠가 현장 학습 가는 날, 전날 요거트를 먹었다는 문자를 받았다. 별일 없겠거니 하고 버스를 타러 나서는데 앞서가는 주원이 바지 아래로 얼룩이 지고 있었다. 오줌을 쌌나 해서 봤더니 그게 아니었다. 서둘러 화장실로 데려가 씻기고 옷을 갈아입혔다. 걱정스러운 마음에 우리 반 아이들의 여벌 옷을 싹 챙겨서 현장 학습을 떠났다. 그날 주원이는 네 번의 설사를 했고, 나는 네 번의 변을 치웠다. 현장 학습 중 네 번은 학교 역사상 최고 기록이라며 로또를 사라는 사람이 많았지만, 주원이는 얼마나 배가 아팠을까. 다행히 내게 미안한 마음은 없는지 배시시 계속 웃고 있었다. 그럴 수도 있지, 싸고 싶어 쌌을까. 그것도 네 번이나. 학교로 돌아온 나는 열심히 빨래를 했다.

*

주원이는 움직임이 거의 없다. 사람은 아침에 눈을 뜨고 감기 전까지 끊임없이 움직인다. 출근 전만 하더라도 아침에 일어나 세수하고 옷 입고 밥 먹고 이 닦고 단장하고 집 밖을 나선다. 이 과정이 매우 자연스럽고 쉬워 보이지만 사실은 굉장히 복잡하고 어려운 일이다.(아침에 눈뜨는 건 모두에게 힘든 일이긴 하지만.)

무슨 일이든 행동하기에 앞서 뇌에서 신호를 보내줘야 한다. 세수를 하려면 자리에서 일어나야 하고, 화장실을 찾아가야 하고, 물을 틀어야 하고, 얼굴을 씻어야 하고, 수건으로 닦아야 하는데 이 과정에서 뇌가 빠릿빠릿하게 신호를 보내 줘야 물 흐르듯 자연스럽게 세수할 수 있는 거다. 신호를 받지 못하면 아무것도 할 수가 없다. 주원이가 그랬다. 주원이의 뇌는 신호를 잘 안 보내 줬다.

주원이는 교실에 들어오면 가만히 서 있는다. 우리의 신호를 기다리는 중이다.

"책가방이랑 신발을 사물함에 넣을까?"

"슬리퍼를 신을까?"

"의자에 앉아 볼까?"

이렇게 신호를 주면 행동한다. 어쩌다 한번 신호를 주기도 전에 움직였을 땐 부담임, 보조 선생님까지 모두 함께 환호와 박수를 보냈다. 그렇지만 이런 일은 아주 드물다. 우리가 보내는 시작 신호가 좋은 건지, 스스로 신호를 보내고 행동하는 걸 어려워했다. 그게 주원이니까 있는 그대로 인정하고 즐겁게 살면 된다.

주원이는 어딘가 가만히 서 있는 일이 많다. 이동수업이나 현장 학습 때 여러 명의 아이들을 데리고 다니다 보면 아이들을 놓치는 경우도 있다. 주원이를 놓쳤다면 왔던 길을 되돌아가기만 하면 된다. 주원이는 그대로 거기에 서 있다.

쉬는 시간에 음악을 틀면 친구들은 신나게 춤도

추고 노래도 하지만 주원이는 가만히 서 있는다. 나는 주원이가 즐거웠으면 했다. 그래서 다 같이 노는 시간엔 항상 주원이를 일으켜 아이들과 어울리도록 이끌었다. 언젠간 리듬을 타겠지! 1년 내내 그렇게 했다.

여느 때와 같이 춤추던 어느 겨울날, 보조 선생님께서 이렇게 말씀하셨다.

"선생님, 주원이 자세히 보면 움직인다. 음악에 맞춰서 팔다리를 가끔 움직여."

정말 조금씩 움직이고 있었다. 일반교육처럼 아이들의 변화와 성장이 확연히 보이지 않더라도 우리는 이런 작은 움직임에 환호하고 즐거워한다. 특수교육이야말로 한 개인의 능력 안에서 가능성을 찾아내고, 조금씩 서로 발전해 나가는 맛에 하는 것 아닐까?

의도하지 않고 그냥 까딱인 것에 누군가 크게 반응하고 함께 기뻐한다면 주원이의 인생도 더 즐거워질 거다. 뜻하지 않은 일로 기대하지 않은 칭찬을 받으면 그 칭찬이 쌓여 새로운 움직임으로 이어진다. 오늘도 주원이는 보이지 않는 움직임으로 '나는 움직이는 걸까? 아닐까?' 하며 문제 내듯 음악에 몸을 맡긴 채 인생을 즐긴다.

경쟁에서 벗어난 성장

우리는 모두 긴 학교생활 내내 경쟁한다. 졸업하고 학교를 벗어나도 경쟁한다. 입시 제도의 경쟁 속에서 살아남아야만 하고, 살아남아야 성공한 것이라는 잘못된 공식에 길들어져 살고 있다. 상위 대학에 가기 위해 누구나 애를 쓴다. 그게 마치 인생의 모든 것인 양 치열하게 공부하지만 상위 대학에 들어가는 학생이 과연 얼마나 될 것인가 생각해 봐야 한다. 기껏해야 10퍼센트 정도의 학생이 가게 될 텐데 나머지 90퍼센트의 학생은 실패한 삶을 위해 지금껏 살았고, 또 앞으로 실패한 인생을 살아가게 되는 것인가.

항상 느끼는 건데 어쩌면 특수교육이 일반교육보다 앞서 나가고 있는 것 같다. 이제야 개인에게 맞는 교육을 해야 한다고 하는 일반교육과는 달리, 우리는 이미 벌써 개별화 교육을 하고 있으니 말이다. 곧 교육 과정을 개정한다는데 교육 내용과 수준은 몰라도 그 철학이나 방법은 특수교육을 따라왔으면 좋겠다. 이제 타인과의 지나친 경쟁에서 벗어나 개인의 능력 안에서 성장하고, 자신에게 맞는 능력을 찾아 발전시키는 교육 철학이 필요할 때다.

방임형 스타일

얘 이름이 뭐였지? 2학년 1반 사진을 보다 한 명의 이름이 떠오르지 않았다. 부끄러운 얘기지만 여덟 명이라 기억하고 있었는데 세 보니 아홉 명이었다. 결국 그때의 보조 선생님께 연락해서 물어보고서야 이름이 떠올랐다. 상규.

상규는 중간에 전학을 왔다. 조용한 성격이었다. 제법 똑똑하고 자기 생활을 스스로 할 수 있어서 손이 덜 갔다. 그래서 가물가물했나 보다. 단지 한 번씩 목이 찢어져라 소리를 질렀다. 온몸이 땀에 젖을 정도로 소리를 지르다 결국 목소리가 나오지 않을 때 멈췄다. 나와 있는 동안에는 딱 한 번 그랬다. 나랑은 그냥 잘 지냈나 보다. 어쩌면 내가 크게 신경 쓰지 않았던 게 상규 스타일에 맞았는지도 모른다. 우리 아이들이라고 하나하나 다 챙길 필요는 없다. 아이의 성향에 맞게 때로는 무심하게, 때로는 시크하게 방임형 교육도 필요한 것이다. 라고 위로하며 두둔해 보네.

그래도

후회는 없다.

가장 힘들었지만 가장 행복했던 한 해였다.

4부

나만 행복하면 돼

남들은 학교를 졸업하고 회사에 다니는데,

나는 졸업하고 학교를 다닌다.

학교만 30년째.

사장님 소리를 들어야 할 경력인데

나는 아직 제일 아랫동네에 있다.

회사만큼 고리타분한 학교에서

내 유일한 행복은 아이들이 아닐까.

스승 용덕

사진을 바라보다
넘쳐 나는 행복을
숨기지 못하고
소리 내어 웃어 본다.

이름	권용덕
좋아하는 것	선물과 편지
잘하는 것	감동받기
꿈	아주 훌륭한 선생님
생활신조	사나이는 울지 않아.
강점	제자의 말을 잘 듣는다.
특징	감동은 잘 받지만 절대 울지 않는다.

그들의 선물

스승의 날, 작년 우리 반이었던 한슬이가 아침 일찍 찾아와 칠판에 선물을 그려 놓고 갔다.

"내가~ 내가 그렸어. 스승의 날 축하해~"

그러고는 소녀시대 춤을 춘다.

*

민서가 달려왔다. 한슬이가 그림 선물을 했다고 자랑했나 보다. 이에 질세라 나로 추정되는 형상을 슥슥 그려 냈다.

그리곤 멋쩍은 듯 소녀시대 퍼포먼스를 보여 줬다. 엔딩 후 5초간 거칠게 숨을 몰아쉬며 몸을 들썩이더니 아무 일 없다는 듯 멋있는 척 자리에 앉는다.

"민서야, 여기 이제 너희 반 아니야. 어서 교실로 돌아가."

*

두 사람을 지켜보던 정수도 나를 그려 보겠다며 스케치북을 꺼내 들었다. 정수는 그림을 잘 그린다. 내심 기대를 가져 본다.

오… 잘 그렸다. 근데 왜 이렇게 보고만 있어도 졸리지?

그래도 스승의 날이라며 나를 기억하고 달려와서 마음을 표현해 주니 너무 행복한 하루다. '아침에 학교 가면 선생님한테 그림 그려 줘야지~'라고 나를 떠올려 주고, 사랑해 주는 그 마음. 지친 나를 다시 일으키게 하는 힘이다. 고맙고 또 고맙다.

권유 아닌 권유

어느 스승의 날. 2학년 1반 담임을 할 때였다. 학부모 한 분께서 나를 조용히 부르시더니 스승의 날이라고 카네이션을 건네며 나지막하게 말씀하셨다.

"선상님, 결혼 거시기 하지 마쇼."

"네? 왜요?"

"결혼하지 마쇼. 그리고 걍 계속 우리 아그들 열심히 갈케 주쇼. 결혼하면 아그들도 키워야 쓰고 바쁘지 않겄소."

생각났다, 그분. 수길이 이모님이었던 것 같다.

다음 해 나는 수길이와 같은 반이 됐다.

감동의 편지

특수학교에서 5년을 지낸 뒤 일반학교 특수학급으로 가게 된 첫해, 스승의 날에 처음으로 그림이 아닌 편지를 받았다.

떨리는 마음으로 편지를 열었다.

"선생님, 지금처럼 특수교사 생활 열심히 해 주세요."

네, 잘 알겠습니다.

나는 제자가 시키는 대로 하기로 했다.

눈물이 아니라 빗물

코로나19로 어려움이 많았던 2021년의 5월. 힘들고 지친 마음에 단비와 같은, 아니 소나기와 같은 편지를 받았다.

권용덕 선생님께

선생님, 저 연우예요.

오늘 스승의 날인데 토요일이라 집에서 이렇게 메일을 드립니다. 학교에서 선생님 수업은 원반• 수업보다 저 자신의 꿈을 키울 수 있는 수업 같아요. 가끔 제가 좀 어렵거나 혼자 해결하기 힘든 일이 생겼을 때 도와주셔서 감사합니다. 선생님께서 해 주신 말씀을 듣고 제가 생각했던 해결법과 좀 다른 해결법이 생긴 것 같아서 감사했습니다.

• '원적학급'을 줄여 쓰는 말로, 장애학생이 속한 일반학급. 평소에는 원반에서 공부하고, 특수학급 시간표에 따라 특수교사와 수업을 한다.

저한테 있어서 선생님과 친구들은 원반에서 있을 때 힘든 일이 있으면 충전시켜 주는 에너지 같은 사람입니다. 학교에서 마냥 좋은 일만 있진 않겠지만 앞으로 남은 학교생활 선생님과 친구들 모두 잘 지내면 좋겠습니다.

선생님, 그럼 월요일에 학교에서 봬요.

앞으로도 쭉 건강하세요.

늘 감사합니다.

2021년 5월 15일 연우 올림

꿈을 키울 수 있는 수업이라니…. 원반에서 힘든 일이 있으면 충전시켜 주는 에너지 같은 사람이라니…. 여러분, 저는 그런 사람입니다.

생각지 못한 편지를 읽다 보니 감동의 물결이….

아휴, 하마터면 울 뻔했네.

선생님을 위해 매일 기도할게요

또 5월, 그날도 어김없이 점심을 포기하고 쏟아지는 업무 처리와 수업 준비 중이었다. 저 멀리 복도에서 우다다다다- 뛰는 소리가 들려왔다. 소리가 점점 가까워지더니 문이 '쾅!' 하고 열렸다. 깜짝 놀라 문 쪽을 보는데, 선생님 한 분이 숨을 헐떡이며 말했다.

"큰일 났어요. 선생님! 카페•에 특수반 친구가 쓰러졌어요!"

지체 없이 카페로 내달렸다. 누구지? 정신없이 달리면서 떠올려 봤다. 카페 운영하는 아이 중 뇌전증이 있는 아이인가 싶었다. 우리 반 아이는 아니지만 그동안 증상이 거의 없다가 최근에 다시 증상이 나타나기 시작해 나 역시 주의 깊게 살피고 있던 차였다. 아니나 다를까, 도착해 보니 그 아이가 누워 있었다. 옆에 있던 선생님께서 응급 처치를 한 상태였다. 다행히 넘어지면서 의자와 책상을 짚었다고 한다. 호흡은 괜찮았기에 안

• 장애학생의 직업 교육을 목적으로 교내 카페를 운영하기도 한다.

정을 취하게끔 편하게 눕히고 사람들이 카페로 들어오지 못하게 막았다.

정신이 조금 돌아온 아이에게 상황을 설명해 주고, 더러워진 바지와 속옷을 갈아입혀 줬다. 업고 부축해 보건실로 데려갔다. 보건실에서 간단하게 치료한 후 부모님을 기다렸고, 곧 부모님과 함께 조퇴를 했다. 그리곤 잊고 지냈다. 특수교사로서 자주 겪게 되는 일이고 이전에 근무했던 특수학교에서는 매일 있던 일이니까. 그냥 그 아이가 아무렇지 않기만을 바랐다.

얼마 지나고 국어 시간에 스승의 날을 맞이해 좋아하는 선생님께 편지를 쓰는 시간이 있었다. 대부분 원반 담임 선생님이나, 본인의 특수학급 담임 선생님, 또는 이쁘고 착한 선생님께 쓰는데 며칠 전 그 아이가 내게 이런 편지를 가져다 줬다.

권용덕 선생님께

선생님, 안녕하세요? 저는 이동찬입니다.

저를 가르쳐 주시고 몸이 안 좋았을 때 저를 업어서 저희 부모님 차까지 데려다주셔서 감사합니다. 스승의 날을 축하드려요. 앞으로 남은 학교생활을 할 때 잘 가르쳐 주시고 건강하세요.

스승의 은혜를 잊지 않을게요.

선생님, 사랑합니다. 감사합니다.

이동찬 드림

PS: 선생님을 위해 매일 기도할게요.

고맙다는 인사에 당연한 거라고, 아프지 말자고 대답했다. 스승의 날을 축하해 주는 그 마음, 나를 위해 매일 기도하겠다는 그 마음이 나를 계속해서 아이들로 향하게 만든다. 스승의 날이 별거겠냐마는 스승으로서 기쁜 하루다.

아주 훌륭한 선생님

도윤이는 강한 개성과 매력을 가진 아이다. 매사 똑부러지고 자기주장도 강하다. 그래서 나와 여러 번 옥신각신하기도 했다.

졸업을 앞둔 어느 날, 도윤이가 컴퓨터 글씨체보다 이쁜 손 글씨로 쓴 편지를 내밀었다.

권용덕 선생님께

선생님은 저를 그동안 제 멋대로만 살아온 어린 학생에서 사회의 어엿한 구성원으로 바꾸는 데 매우 큰 기여를 한, 아주 훌륭한 선생님이셨습니다.

물론 그 과정에서 선생님과 의견이 안 맞아 다투던 적도 몇 번 있었지만, 그런 우여곡절을 거치면서 저의 잘못된 습관들을 많이 고치는 데 성공했고 그 덕에 나사렛대까지 합격했습니다.

정말 감사했습니다.

도윤이가

나는 매우 큰 기여를 한, 아주 훌륭한 선생님이 됐다.

누군가에게 기억되는 것

'까똑'

5월의 어느 이른 아침, 아무도 없는 교실의 지루한 고요함을 밀어내며 울려 퍼지는 소리. 이 아침에 누구지? 휴대폰을 본다. 반가운 안부 문자와 한 장의 사진이다.

"선생님~ 잘 지내시죠? 세환이가 요즘 매일 밤 이걸 쓰고 잠이 들어요. 선생님이 많이 보고 싶대요."

세환이의 어머니였다. 세환이는 지난 1년을 함께 지낸 아이다. 전공과를 마치고 이번 2월에 졸업했다. 요상한 글자로 가득한 사진을 확대해 보니 낯익은 이름이 가득하다. 흰 종이 위에 같은 반이었던 친구들의 이름이 형형색색 도배돼 있었다.

"선생님 이름이 제일 많네요."

이어서 문자가 왔다. 사진 속 곳곳에 있는 내 이름이 눈에 들어오기 시작했다. 때늦은 꽃샘추위의 얼음 같던 바람이 무색할 만큼, 따뜻함에 물들어 간다. 여몄던 옷깃을 다시금 풀었다.

“아, 세환이 보고 싶네요. 자주 연락드리지 못해 죄송합니다. 보고 싶다고 꼭 전해 주세요!”

때마침 들려오는 아이들의 계단 오르는 소리가 반갑다. 자리를 정리하고 일어난다. 교실을 향해 달려오는 아이들이 더 사랑스러워 힘껏 안아 본다.

누군가에게 기억되는 건 기분 좋은 일이다. 좋은 기억으로 남아 추억이 되고 기쁨을 줄 수 있다면 이보다 행복한 일이 또 있을까? 세환이의 따뜻한 마음으로 또 하루를 열심히 살아갈 힘을 얻는다.

특수교사에게 '더 특별한' 스승의 날

5월 15일. 어김없이 찾아온 스승의 날. 생각이 많아지는 날이다.

'특수교사에게는 제자가 없다'는 말이 있다. 나를 기억해 주거나 찾아와 주는 학생은 극히 드물다. 1년에 하루 있는 날에 지나간 시간을 함께 추억하며 즐거워할 제자가 없다는 게 교사로서 매우 슬프다. 그저 아이들과 함께한 추억이 떠오르는 것에 감사할 따름이다.

제자가 꼭 나를 기억하고 찾아와야만 제자일까? '선생'은 말 그대로 '먼저 태어난 사람'이다. 먼저 태어난 나는 내가 살아온 세상과 그 세상에 대한 내 삶의 철학을 아이들과 함께 이야기하며 즐거워하면 된다. 아이들을 내 가슴에 안고 기억하며 행복해하면 된다. 굳이 아이들이 나를 찾아와 주지 않아도 보고 싶을 땐 언제나 내 가슴속의 아이들을 들춰 보면 되는 것이다. 언제나 아이들을 먼저 생각하듯, 스승의 날에도 내가 먼저 아이들을 기억하고 추억하면 더 특별한 날이 되리라 생각한다.

스승의 날이 저물 무렵 반가운 문자를 받았다.

"오늘 세환이가 만들어 온 꽃입니다. 선생님 보고 싶고, 사랑한다네요."

사진 속 세환이가 사랑의 하트를 날리며 환하게 웃고 있다. 작년 한 해도 저렇게 내내 밝은 표정으로 나를 반겨 줬다. 시간이 지난 지금도 나를 위해 환하게 웃고 있다. 한동안 바쁘다는 핑계로 가슴속에 안고 있던 아이들과의 추억과 행복을 잊고 있던 내가 부끄러워진다.

한참 동안 사진을 바라보다 넘쳐 나는 행복을 숨기지 못하고 소리 내어 웃어 본다. 비 내리는 오늘, 가뜩이나 심난한 요즘. 내 마음에 단비가 내린다. 하던 일을 내려놓고 잠시 아이들과의 추억을 마주한다. 다시금, 지쳐 가던 나를 스스로 응원해 본다.

이날은 내 인생에서 가장 특별한 스승의 날로 기억되리라.

직장인 용덕

나는 월급 안 받아.
봉사직이야.
집에 돈이 너무 많거든.
꿈은 건물주,
현실은 월급쟁이.

이름	권용덕
좋아하는 것	조퇴하기
잘하는 것	내 권리 지키기
꿈	건물주
생활신조	쪼대로 살자.
강점	강직한 성품
특징	하지 말라 하면 더 한다.

내 권리야 1

학교라는 집단은 조금 보수적인 거 같다. 그중에서도 특수학교는 더 그렇다. 조퇴 좀 하려면 없던 이유도 만들어 내야 한다. 내 권리를 행사하는 건데 왜 남의 눈치를 보며 없는 이유를 만들어 내야 하는지 모르겠지만, 현실이 그렇다.

명절에는 아이들이 하교한 뒤 고향이 먼 사람은 좀 일찍 서둘러 출발을 한다. 그날도 그랬다. 아이들을 보내고 교장 선생님께 허락을 구한 다음 교감 선생님께 고향이 멀어 조퇴를 사용하겠다고 말씀드렸다. 근데 왜인지 뚱한 얼굴로 대답을 안 하신다. 기분이 나쁘다는 표현이다. 조퇴를 왜 쓰냐는 뜻. 조퇴 사용은 나의 권리인 것을. 나는 명절을 잘 보내시라 인사드리고 조퇴를 올렸다. 미적미적 결재를 미루는 모습을 지켜보다가 시간이 늦어 출발했다. 출발한 지 30분, 고속도로로 가기 위한 길을 뚫으며 운전하고 있는데 학교에서 전화가 왔다. 올 것이 왔구나 싶어 전화를 받았다.

"권 부장, 지금 어딘가."

전화기 너머 교감 선생님의 목소리가 들려왔다. 지금 상황을 설명드리니 왜 조퇴를 했냐며 혼을 내셨다. 나도 화가 났지만 일단 다시 들어가겠다고 답했다. 겨우 뚫고 왔던 길을 되돌아갔다. 교감 선생님은 기다렸다는 듯 나를 학교 뒤뜰로 데려가 잔소리하기 시작했다. 요지는 왜 '결재가 나기 전에 나갔느냐, 내 고향은 더 멀다.'였다. 교감 선생님 고향의 거리와 내 조퇴 사용에는 아무런 상관이 없는데 내 권리를 왜 이리 구걸해야 하는지 이해할 수가 없었다. 너무 화가 나서 맞붙었다. 상황을 다 설명하고 허락을 구하지 않았느냐, 수업이 끝난 후의 조퇴에 대해 이렇게 비난을 받아야 하느냐. 돌아오는 답은 복무를 다하지 않았다는 거였다. 결재가 되지 않았는데 나간 건 잘못이고 부장은 학교를 지켜야 한다는 논리였다.

화가 났다. 부장은 부장의 역할을 열심히 해서 학교가 잘 운영되도록 지원하면 되는 건데 부장이 무슨 마을 정승도 아니고 왜 자꾸 지키라 하는 건지. 복무 얘기는 이미 예상하고 있었기에 그 부분은 할 말이 없다고 했다. 하지만 권리에 대해서는 굽히지 않고 의견을 내놓았다. 그렇게 두 시간의 시간이 흘렀고, 경력 많던 선생님 한 분이 오셔서 마무리 지어 주셔서 끝이 났다. 나는 조퇴를 쓰고도 퇴근 시간이 훨씬 지나서 퇴근을 했다. 덕분에 고향에 가는 시간은 평소의 두 배 이상 걸렸더랬다. 일반학교에서 지내는 동안에는 이렇게 까다로운 일은 없었다. 언젠가 다시 특수학교에 가게 된다면 그땐 정말 이렇게 말해 보고 싶다.

“오늘은 제가 기분이 좀 그러니 조퇴하렵니다.”

내 권리야 2

퇴근 후에 미용실에 들렀다. 더워서 머리를 자르는 김에 염색도 하고 파마도 했다. 기분이 좋아져서 아이들을 더 열심히 가르칠 수 있을 것 같은 기분이랄까.

그다음 날 교감 선생님이 나를 보더니 한마디 하신다.

"다시는 그런 머리 하지 말아."

내 머리는 그냥 투블럭컷에 파마하고 앞머리를 위로 올려서 이마가 보이는 흔한 스타일이다. 염색했다지만 짙은 갈색이라 화려하지도 않다. 내 돈 주고 한 건데 거참. 머리 스타일도 허락을 받아야 하는 건가. 나는 몇 달 후 다시 찾은 미용실에서 당당히 외쳤다.

"스핀스왈로펌이요."

내가 머리스타일을 어떻게 하냐에 따라 내 교육관이 바뀌거나 기존보다 덜 열심히 한다거나 하지 않는다. 교육 철학과 아이들을 대하는 마음과 태도는 겉모습에 있지 않고 내면에 있기 때문이다. 장애를 대하는 사람이 겉모습으로 판단하다니. 나는 계속 내 스타일을 지켰다. 그리고 계속 열심히 아이들과 뛰어다녔다.

스핀스왈로펌을 휘날리며-

러버, 널 사랑하지 않아

체육부장을 할 때였다. 체육부서는 늘 예산이 많아서 예산 조정을 하게 되면 대부분 체육부 예산을 떼어서 여기저기에 준다. 근데 이 예산을 개인 용무에 사용하려고 호시탐탐 노리는 사람들도 있다.

러버. 괜히 사람을 설레게 하는 단어지만 나는 이 녀석을 사랑할 수 없다. 러버는 탁구라켓에 붙이는 붉은색 고무 면을 말한다. 이 명칭은 행정실장 덕에 알았다. 행정실장은 나를 불러 자신의 러버를 사달라고 부탁했다. 당연히 안 된다고 거절했다. 그런데도 교장선생님 것도 새로 바꿔야 한다느니 핑계를 대며 계속 사달라고 요구했다. 아쉬울 것 없는 나는 아이들 물품 사기에도 빠듯하다며 단호히 거절했다.

이런 일이 한두 번이 아니다. 개인 아령, 배드민턴 콕 등 다양한 방면의, 다양한 요구가 있다. 딱 한 번 어쩔 수 없이 부탁을 들어준 적이 있는데 아직도 그 생각을 하면 화가 나고 부끄럽다. 학교 예산은 교육과 아이들을 위해서만 사용돼야 하는데 말이다. 언젠가는 행정실 직원들의 신년회 물품을 사 달라고 한 적도 있다. 윷놀이를 할 건데 선물이 필요하다며 휴지며 뭐며 사 달라는 거였다. 그날 나는 밤늦게까지 수소문해서 아이들에게 필요할 법한 물품들을 싹 사 버리고 예산을 털었다.

누구는 가끔 좀 융통성 있게 운영하면 내게도 좋을 거라며 조언을 해 준다. 그래, 좋은 조언이다. 그래서 아이들 수업에 다양하게 도움이 될 수 있게끔 아끼고 아껴서 융통성 있게 예산을 사용하고 있다. 관리자들은 봉사직이 아니다. 월급도 많고, 자기들 돈도 많을 텐데 말이야. 아이들을 위한 돈은 아이들을 위해, 본인의 월급은 본인을 위해 융통성 있게 사용합시다.

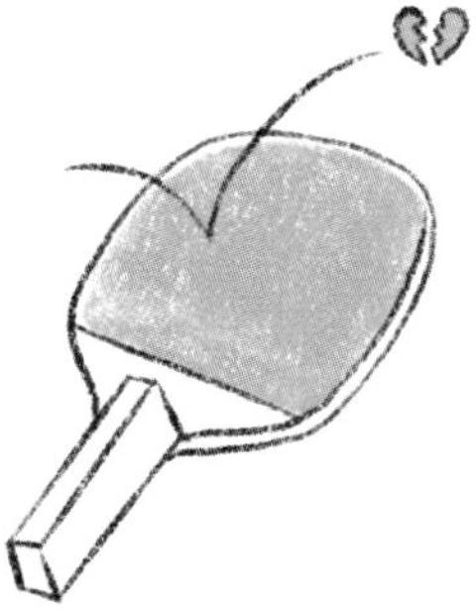

가짜 플렉스

전에 근무했던 일반학교에는 부잣집 아이들이 많았다. 간혹 자신의 집이 부유하다고 해서 그렇지 못한 사람을 업신여기는 아이들이 있었다. 왠지 나도 없는 티를 내면 안 될 것 같았다. 아이들이 이것저것 물어오면 나는 이렇게 플렉스 해 버렸다.

"선생님, 차 정말 낡았네요?"

"세컨 카야."

"선생님은 어느 학교 나왔어요?"

"하버드 특수교육과."

"우리 아빠는 마이바흐 타요. 선생님은 뭐 타요?"

"나? 나는 말 타지. 그 말 10억쯤 해."(정유라 사건 때였다.)

"선생님, 선생님은 월급이 얼마예요?"

"나는 월급 안 받아. 봉사직이야. 집에 돈이 너무 많거든."

꿈은 건물주, 현실은 월급쟁이.

나는 동안이었다

학교에 있다 보면 아이들을 위해 화장실을 자주 들락날락해야 한다. 하루에 열 번도 더 간다. 학교에 처음 발령받은 그해 3월이었다. 이날도 아이들을 데리고 정신없이 왔다 갔다 하며 화장실에서 조준하는 방법(99쪽을 보시라.)을 가르치고 있는데 수업 시작종이 울렸다. 서둘러 마무리하고 아이를 보낸 뒤 시간에 쫓겨 나도 허겁지겁 바지 지퍼를 올리며 화장실을 나오던 차에 화장실 청소하시는 분을 만났다.

"아이고! 또또~ 지퍼 다 올리고 나오랬지?"

"아, 죄송합니다."

서둘러 한발 물러나 지퍼를 올린 뒤 인사를 하고 반으로 돌아왔다. 나는 동안이었다.

나도 응원해 줘

특수교육지원센터에서 근무한 적이 있는데 업무 중에 가장 큰 일은 민원 응대라고 생각한다. 특히나 부모의 민원은 상황이 다양해 해결하는 데 어려움이 많다. 그중에 가장 힘든 건 하루가 멀다 하고 전화해 한 시간, 두 시간씩 하소연하는 민원이다. 간혹 있는 일이다. 본인의 어려움과 사회, 학교에 대한 불만을 말씀하시는데 이건 문제 해결이 아니라 응어리를 풀어내기 위함이다. 그러면 긴 시간 공감하며 '아, 그랬군요. 어머나, 어떻게 그럴 수가 있죠? 고민이 많으시겠어요. 속상하시겠어요. 힘내세요.'를 반복하다 보면 응어리가 좀 풀리시는지 고맙다는 인사와 함께 말씀하신다.

"내가 여기 아니면 어디에 얘기하겠어요?"

이렇게 응대하다 보면 더 중요한 업무와 민원 상담을 놓치게 되는 경우가 있다. 일에 쫓기느라 응대에 조금이라도 신경을 덜 쓰는 것 같으면 그건 어찌 그리 잘 아시는지 더 화를 내시기도 한다. 나도 100퍼센트는 아니지만 부모님의 심정과 어려움을 최대한 공감하고 이해하고 응원하려고 노력한다. 언제든지 전화하셔도 된다. 그렇지만 가끔 한 번씩 부모님을 응원하는 우리를 응원해 주시면 얼마나 좋을까. 저도 어디 가서 하소연하고 싶단 말이에요.

꿈의 텃밭

요즘 발달장애인을 위한 유망 직종 중 하나가 스마트팜이다. 스마트팜은 생산, 가공, 유통 단계에서 정보통신 기술(ICT)을 접목해 지능화된 농업 시스템을 말한다. 이런 시스템 안에서도 어찌 되었건 생산, 가공할 때 사람의 노동력이 필요한데 이 일이 발달장애인에게 잘 맞는다. 관련 경험을 위해 아이들과 함께 학교에서 텃밭을 가꾸고 있다.

농사는 어제와 오늘이 다르다. 매일 작물을 환경에 맞춰 관리해야 하는 어려운 일이지만 그만큼 변화하는 작물의 모습에 만족과 희열을 느낄 수 있다. 우리 아이들이 취업하는 곳은 대부분 반복적이고 단순한 포장 조립이 많은데 스마트팜이 아이들의 새로운 일자리로 자리 잡고 있다. 인력이 많이 필요한 농업, 아이들의 근로 능력, 미래를 잘 접목한 최고의 일자리 중 하나가 될 것 같아서 나는 오늘도 툴툴거리는 아이들을 붙들고(사실은 나도 툴툴거린다.) 30평짜리 꿈의 텃

밭으로 향한다.

가끔은 이곳이 텃밭인지 농지인지, 땀 흘리며 검게 그을린 내가 교사인지 소인지 헷갈릴 때도 있지만 영근 열매를 조심스레 따는 아이들의 표정을 보면 멈출 수 없다. 잘하는 것까지 바라진 않지만 어느 정도 해 본 티는 나야 취업에도 도움이 된다. 할 수 있는 거라면 뭐든지 가리지 않고 하는 게 우리의 소명이다. 언젠가 우리 아이들이 취업한 곳에서 수확한 농작물을 받아 보는 날을 꿈꾸면서 오늘도 나는 소처럼 일을 한다. 당분간 소는 먹고 싶지 않다.

다음 물음에 답하시오

Q. 특수교사 A는 고등학교에 근무 중이다. 좋은 일자리가 들어와 3년 전 졸업한 학생을 만나 면접 연습을 했다. 그리고 면접 당일 오후 세 시, 함께 가서 지원 업무를 하게 되었다. 특수교사 A는 관리자인 교감에게 어떻게 보고해야 하는지 고르시오.

1. 근무지 내 출장
2. 조퇴

졸업생의 취업 지원이 특수교사의 공적 영역인지, 사적 영역인지에 대한 질문이다. 늘 헷갈린다…. 관리자의 마음이.

특수교사는 아이들이 졸업 후 안정적으로 살 수 있도록 노력해야 한다. 그래서 졸업한 아이들도 지속적으로 살펴야 한다고 생각한다. 물론 아이들이 졸업하고 나서 직접 지원해 줄 수 있는 기관과 인력이 있다면 이렇게까지 하지 않아도 된다. 현재 담당하고 있는 학교의 아이들 위주로 교육하면 된다. 하지만 성인이 된 우리 아이들을 지원해 줄 수 있는 기관과 인력은 절대적으로 부족하다. 그렇기에 졸업생의 취업, 근속, 이직, 주거, 여가 등에 관심을 그칠 수 없다. 이런 이유로 졸업생의 취업 지원은 당연히 특수교사의 공적 영역이라고 생각하는데 사적 영역 또는 오지랖이라 생각하는 사람들도 많다. 이건 입장이 각자 다르기에 무엇이 옳다고 할 수는 없다.

어려운, 아니 어쩌면 쓸데없는 고민은 뒤로한다. 온갖 지인 찬스를 써 가며 평소에 어떤 방식으로 면접이 이뤄지는지 알아봤다. 아이와 함께 가서 면접을 봤다. 면접관이 너무 맘에 든다며 그 자리에서 취업이 됐다. 아이가 일할 곳을 두루 살펴보고 업무 담당자와 상담한 후 돌아왔다. 나는 한 달 정도 지나고 다시 찾아가 보기로 약속했다. 다행히도 한 달 뒤는 방학이다. 출장을 달지, 조퇴를 달지 고민하지 않아도 된다.

나도 귀한 자식인데

비가 오락가락 내린다. 오늘은 정말 오랜만에 아이에게 많이 맞았다. 수업 시간에 계속 엎드려 있길래 공부하자고 했더니 내게 욕을 했다. 그걸 시작으로 주먹을 휘둘렀다. 근데 그 아이가 복싱의 기본자세를 취해 너무 놀랐다. 가드를 잡고 때리는 타이밍을 계산하는 눈빛을 보고 적잖은 충격을 받았다.

교직에 들어서면서 아이들의 폭력 행위로 나타나는 도전적 행동에 적당히 잘 대처하고자 13년 넘게 복싱을 해 온 나였다. 아이의 매섭고 날카로운 눈빛에 나도 모르게 잠시 주춤했다. 이내 달려드는 아이의 주먹을 열심히 피했다. 자기 마음대로 되지 않아 화가 났던지 발을 쓰기 시작했다. 날아차기도 하고, 정강이도 까고, 팔뚝이며 얼굴이며 사정없이 두들겨 댔다. 그렇게 10여 분 동안 맞았다. 이대로는 끝이 없을 것 같아 아이를 부여잡았다. 간신히 아이를 옆으로 넘어뜨리고 나서야 끝이 났다.

특수교사는 늘 언론에 가해자로 비친다. 우리는 이렇게 맞고도 아무 말 못 한 채 계속 웃으며 수업하는 노동자다. 이젠 법도 무서워서 아이를 함부로 혼내거나 야단칠 수 없는 세상이 돼 버렸다. 특수교육은 우리 아이들이 사회에 잘 적응할 수 있도록 준비시키는 일이다. 이런 폭력적인 행동을 해도 그냥 덮어 두는 게 괜찮은 걸까? 온몸에 파스를 덕지덕지 붙였다. 마음의 상처를 보듬어 줄 파스는 어디에도 없다. 아이의 영혼 탓을 하며 '장애를 고칠 퇴마 의식을 준비하고 있다, 곧 끝날 테니 조금만 기다려 달라'는 부모의 궤변에 또 한 번 상처를 받는다.

몸이 아픈 것보다 아이들 앞에서 무력하게 한참을 맞고 있었던 내 모습에 와르르 멘탈이 무너졌다. 일반교사들이 이런 일을 겪으면 왜 두어 달 병가에 들어가는지, 왜 정신과 치료를 받는지 알았다. 언제까지 장애를 이유로 모든 걸 그냥 넘어갈 수는 없다. 이런 일이 있을 시, 특히나 졸업 후 사회에서 큰 문제가 될 수 있는 요인이라면 같은 문제가 다시 발생하지 않도록 부모는 해결을 위해 적극적으로 노력해야 한다.

또 같은 상황이 생긴다면 어떻게 대처해야 할지 계속된 고민에 빠져 긴 시간 잠을 통 이루지 못했다.

관리자가 될 인성과 품

학교도 직장이다. 직장에 직급이 있고, 직급에 맞는 업무가 있는 것처럼 학교도 직급이 있고, 업무가 있다. 하지만 직급이 아주 단순하다는 점이 다르다. 학교에는 교장, 교감, 교사가 있을 뿐이다. 교장과 교감은 학교 운영을 하고 교사는 수업을 한다. 어쩔 수 없이 따라오는 업무라는 게 있는데 이걸 부서라는 이름으로 나눠 관리한다. 그 부서를 총괄하는 사람이 부장교사다. 그렇다고 해서 교사 위에 있는 교사는 아니다. 쉽게 말해 그냥 일이 더 많은 교사라고 보면 된다.

매년 12월이 되면 쉬운 학년을 희망하는 것처럼 다들 쉬운 업무를 희망한다. 더러 부장 업무를 희망하는 사람도 있지만 대부분 원치 않는다. 하지만 누군가는 부장을 맡아야 한다. 2학년 1반을 맡겠다고 손들 당시 이 반을 맡으면 당연히 부장 업무가 오지 않을 거라는 확신이 있었다. 게다가 그 당시 나는 8년 차였기에 경력순인 부장 자리는 나와 거리가 멀었으니 걱정할 필요도 없었다.

새 학기가 아직 시작되기도 전인 2월, 동생과 여행 중이었다. 학교에서 전화가 왔다. 교장 선생님 전화였다.

“어이, 권 선생. 지금 어디야? 가까이 있으면 학교 잠깐 나올 수 있을까?”

이맘때 학교에 오라는 건 그다지 즐거운 연락이 아니다. 전화로 부탁하기 미안한 어려운 업무나 힘든 반을 맡아 달라는 내용일 게 뻔하기 때문이다. 말이 부탁이지 사실 지시에 가깝지만. 며칠 뒤 학교에 갔다. 교장 선생님과 이런저런 시시콜콜한 이야기를 나눴다. 그러다 슬며시 운을 떼셨다.

“권 선생, 올해 부장 좀 맡아 주겠나?”

잠깐 고민하다가 되물었다.

“선택할 수 있는 건가요?”

“그럼, 당연하지.”

“그럼, 안 할래요.”

교장 선생님은 기다렸다는 듯이 말했다.

“그래? 그럼 부장 업무만 줄게. 부장직, 부장 수당도 없이 업무만 해 보게나.”

그렇게 나는 생활부장이 되었다. 하필 제일 힘든

반을 맡아 보겠다고 마음먹었던 해였다. 이 대화가 오가고 며칠 뒤 부산의 한 대학교에서 OT 중 건물이 붕괴된 참사가 일어났고, 그해 봄 너무나도 슬픈 세월호 사건이 있었다. 교육 현장에서 일어난 어처구니없는 사건에 대한민국은 매일같이 새로운 안전 지침을 만들어 학교로 전달했다. 소 잃고 외양간 고친 격이다. 쉴 새 없이 내려오는 업무와 매일 보고해야 하는 일들이 겹치고 쌓였다. 5월 교생 지도에, 아이들이 새로운 반에 적응하는 동안 매일 발생하는 돌발 상황을 해결하느라 내 몸은 서서히 지쳐 갔다.

학교 현장에서 교사의 역할은 수업과 생활 지도다. 행정 업무에 쫓기다 보면 수업도 아이들도 놓치게 된다. 행정 업무를 줄이고자 여러 노력을 한다지만 업무는 점점 많아지고 있다. 처음 부장을 맡으면서 가장 힘들었던 건 업무의 과중함이 아니었다. 업무가 많아 아이들에게 쏟아야 할 관심과 수업의 질이 떨어지는 것 같은 느낌이 나를 가장 힘들게 했다. '교사들이 수업에 집중할 수 있는 현장 시스템이 절실히 필요한 시점이다.'라고 15년 전부터, 아니 내가 교직에 들어오기 전부터 이야기가 나오고 있다는 건 비밀이다.

끝으로, 부장을 하게 되면 부장 수당이 있다. 한 달

에 7만 원이다. 부서원들 한 번씩 밥 사 주면 동나는 돈이다. 그보다 더 쓰는 경우가 허다하니 배보다 배꼽이 큰 셈이다. 부장 점수도 있다. 나중에 승진하는 데 반영된다고 한다. 하지만 교육청 장학사로 가지 않는 한 교감으로의 승진은 어렵다. 그리고 나는 관리자가 될 인성과 품을 가지지 못했다.

니가 해라 부장~

서른세 살에 부장이 됐다. '부장' 하면 뭐, 엄청 있어 보이지만 학교에서 부장은 그냥 똑같은 교사다. 경력이 높은 순서대로, 학교에 배정된 부장의 숫자만큼 채워지는 거라 누가 언제 될지 모른다. 어쨌건 나는 제법 어린 나이에 부장이 됐다. 부장 수당도 부장 점수도 내겐 딱히 의미가 없다. 근데 남들은 어린 나이에 부장이 된 내가 아니꼬웠는지 교장을 구워삶았느니, 어린놈이 벌써 승진 생각을 한다느니 깎아내리기에 바빴다. 50명 남짓한 이 작은 집단에 왜 이리도 많은 파벌이 존재하는지. 같은 파벌이 아니면 왜들 그리 못 잡아먹어 안달인지. 심지어 그런 사람 중에는 본인이 부장을 할 차례임에도 일이 많아서 하기 싫다고 거부한, 남에게 책임을 전가한 사람도 있었다.

온갖 추측과 비난이 난무하던 어느 날, 교무실 옆 학습자료실에서 수업 준비를 하고 있었다. 교무실과 학습자료실은 가벽으로 분리돼 있어 작은 소리도 잘

들린다. 나 들으라고 그랬는지 모르고 그런 건지, 못된 파벌의 한 교사가 교무부장에게 이렇게 말하는 걸 들었다.

“아니, 어디 족보도 없는 걸 부장을 시켜요? 새카맣게 어린 게 승진에 눈이 멀었나 봐요. 네?”

아니! 나는 그 유명한 안동 권씨 별장공파 38대손의 족보 있는 집안의 사내로서! 하얀 피부는 아니지만! 또 그렇다고 새카맣지는 않다! 내 나이 서른세 살이면 아직 솔로긴 하지만! 예전 같았으면 손주도 볼 나이인데! 그럼 니가 하든가! 부장!

이라고 속으로 외치며 조용히 불을 끄고 조심히 문을 닫고 교실로 갑니다. 조심조심.

사실 너무 화가 나서 문고리를 잡고 한참을 고민했었다. 들어가서 질러 버릴까? 질러 버리면 이떻게 될까? 그러고 나면 뭐가 변할까? 내 속은 시원할까? 나는 고민이 너무 많다. 아휴.

그러려니

나름의 의미 있는 일을 하다 보면 내 이름이 적힌 공문이 많은 학교에 뿌려지기도 한다. 되도록 조용히 일하고 싶지만 많은 학생과 부모님에게 프로그램을 알리기 위해서는 피할 수 없는 일이다. 그렇다 보니 이제는 학교뿐만 아니라 서울시의 많은 학교에서 나의 족보를 따지는 사람들이 생겨났다. 모르고 지내면 괜찮은데 자꾸만 누군가가 이런 이야기들을 알려 주니 너무 속상하다.

비단 학교뿐만 아니겠지. 어딜 가든 사람이 모여 있는 곳에는 이런 질투와 시기가 생긴다고 하니 그러려니…. 그렇게 15년째 그러려니 중.

5부

너도 행복해야 돼

태어났음을 핑계 삼아 살아온 건
누구의 잘못도 아니야.
이 삶이 의미 없어 보여도 온기와 숨을
불어넣으면 새로운 목표와 길이 생겨난단다.
힘들었던 과거도 너의 삶이고,
앞으로 행복할 삶도 너의 삶이야.
어려운 환경에서 벗어나 스스로 살아갈 너의 삶이,
아픈 기억의 학교를 떠나 새로운 여행을 시작할
너의 삶이, 언제나 행복했으면 해.
행복해야만 해.

영석

선생님. 보고 싶어요.
그래, 나도…
아니, 선생님 말고
영준이요.

이름	오영석
학년	고등학교 3학년
가족	엄마, 아빠, 큰형, 작은형
좋아하는 것	학교 매점 가기
잘하는 것	학교생활
꿈	독립
생활신조	나만큼만 해 봐라.
강점	주변 친구들을 잘 이끈다.
특징	목소리가 엄청 크다.

말이 많은 아이

영석이는 한마디로 반에서 대장 같은 녀석이다. 큰 목소리로 친구들에게 장난치며 윽박지르기도 하지만 겉모습만 건들건들하지 마음은 또 얼마나 착하고 순수한지 모른다. 근데 이런 영석이가 집에서는 말을 전혀 안 한다고 했다. 늘 형들에게 맞고 구박받으며 무시당해서 집에서는 어떤 선택도 의사 결정도 해 본 적이 없다고 했다. 집에서 내보이지 못하는 마음을 학교에서라도 한껏 펼치는 영석이다. 영석이가 내게 마음을 터놓고 이런저런 얘기를 비칠 수 있었던 건 어쩌면 자신을 도와줄 정말 마지막 사람을 만났다고 생각해서였는지도 모른다.

"선생님하고 나는 친하니까."

어느 날 하굣길에 내게 던진 영석이의 말이 아직도 나를 영석이를 향해 힘쓰게 하고 있다.

너를 더 알고 싶어

요즘은 가정 방문이 없다. 그렇지만 영석이네 집안 사정을 정확히 말해 줄 수 있는 사람이 없어서 확인하려면 가정 방문이 필요했다. 영석이네 집은 아버지, 어머니, 큰형, 작은형, 그리고 영석이 이렇게 다섯 명이 산다. 다섯 명 모두 지적장애를 가지고 있다. 영석이는 작은형과 열다섯 살 차이 나는 막둥이다.

집 앞에 있는 복지관에서 영석이네 집을 지원하고 있었다. 실질적으로 모든 걸 도맡는 사람은 집사님이라 불리는 분이었다. 집사님이 가족 모두를 돌보며 집안의 대소사를 챙기는 후견인 역할을 하고 계셨다. 옆에서 오랜 시간 살펴봤는데 집사님은 정말로 가족 같은 분이셨다. 집에 가서 부모님과 영석이의 미래에 대해 이야기하고 싶었지만 영석이는 부끄럽다는 이유로 가정 방문도, 부모님 상담도 거부했다. 어쩔 수 없이 집사님과 이야기하며 전반적인 지원을 하기로 했다. 영석이의 한 해 목표는 취업 그리고 독립이다.

학교가 좋은걸 어떡해

영석이의 꿈은 맛있는 거 실컷 사 먹고, 밤새 오락하다 학교 와서 아침 내내 자고, 점심을 두 그릇 먹는 거였다. 학교에 오자마자 학교 급식표를 확인하고 "오예~ 오예~ 배 터지게 먹어야지!"로 하루를 시작하는 아이였다. 영석이에게 학교는 자유롭고 즐거운 곳이기에 학교를 정말 좋아했다.

영석이는 바리스타에 관심이 있어 교육을 꾸준히 받고 자격증까지 취득했다. 영석이와 합의해 카페 일자리를 알아보기로 했다. 이왕이면 조건과 환경이 괜찮고 학교에서도 가까워 내가 지속적으로 신경 쓸 수 있는 곳을 열심히 찾았다. 마침내 영석이에게 딱 맞는, 학교에서 5분 거리에 있는 사내 카페에 지원하게 됐다.

다행히 면접을 통과해 실습을 시작했다. 서너 시간의 실습이 끝나고 학교로 돌아오면 하루를 정리하면서 아쉬웠던 부분을 함께 짚었다. 이렇게 순조롭게 진행되는 줄만 알았던 실습은 조기 종결되고 말았다. 학교를 못 가면서까지 일하고 싶지는 않았던 건지 대충대충 했던 모양이다.

"어떻게 하고 싶은 것만 하고 사니. 다 그렇게 사는 거야."

이런 말은 소용없었다. 일해야 하는 동기가 필요했다. 동기는 내적으로 일어나는 것이지만 우리 아이들에게는 가끔 외적인 자극이 필요하다. 다음의 계획을 세웠다.

♣ 영석이 동기 주입 프로젝트 ♣

1. 형들과 떨어지고 싶음 → 독립해야 함 → 독립을 위해서는 돈이 필요함 → 돈을 벌려면 취업이 필수!
2. 태국 여행 가고 싶음 → 1년 후 나랑 태국 여행 가기로 약속함. 여행비는 각자 부담하기로 함 → 1년 동안 돈을 벌어야 함 → 돈을 벌려면 취업이 필수!

(편의점에서 태국 사람을 보더니 자기는 꼭 태국에 가고 싶다 했다.)

1번과 2번의 이유를 들어 영석이를 설득했다. 그리고 영석이가 취업 후 1년을 근속할 경우 150만 원을 지원받을 수 있는 장애인고용공단 지원 프로그램을 신청했다. 직장생활 예절도 열심히 공부했다. 다행히 취업에 대한 동기가 생겼다.

*

좋은 조건의 일자리가 났다. 내가 사는 집 근처라 언제든 10분이면 걸어갈 수 있었다. 하루 네 시간 근무에 최저임금 이상의 보수로, 우리 아이들이 취업하는 조건으로는 최고였다. 게다가 카페를 운영하는 기관이 지역의 장애인부모회라 영석이를 진심으로 품어 줄 수 있는 곳이었다. 무조건 취업시켜야 했다. 면접 훈련할 때 무조건 뭐든지 열심히 하겠노라 대답하기로 약속했다. 기관의 대표님이 어느 분이신가 염탐해 보니 지인과 친분이 있는 사이셨다. 면접 자리에 찾아가 지인의 이름을 팔며 영석이가 취업하는 과정과 취업 후 직장생활에 필요한 모든 걸 지원하겠노라 약속했다. 분위기가 좋았다. 모든 게 잘 굴러갈 것 같았다. 면접이 끝나고 집으로 돌아오는 길에 어떤 질문을 받았는지 물어봤다.

"영석 씨, 우리 카페는 주말에 일을 하는데 교회는 어떻게 할 건가요?"

영석이는 평생을 주말이면 교회에 갔다. 매년 개근해 상을 받던 아이였다. 심지어 교회 행사를 위해 학교를 결석한 적도 있었다. 하지만 망설임 없이 이렇게 대답했단다.

"일해야죠. 열심히 하겠습니다."

대본대로 잘 이야기한 영석이가 기특하고 대견했다. 왠지 느낌이 좋다.

*

드디어 취업을 했다.

독립은 어려워

영석이의 독립을 고민하다 주거 지원을 담당하는 분을 찾아갔다. 해당 기관에는 다양한 주거 시스템이 있는데 영석이는 아직 독립을 위한 생활 기술이 부족하니 그룹홈•에 지원해 보자고 했다. 그룹홈에서 공동생활을 하며 자립을 위한 기본 생활 기술을 익힌 뒤, 경제적 여건이 되면 최종 독립을 하는 계획을 세웠다. 그룹홈은 자리가 잘 나지 않아 마냥 기다리고 있던 차에, 영석이가 취업한 다음 날 갑자기 그룹홈 자리가 났다며 연락이 왔다. 영석이가 앞으로 잘되려는지, 일이 잘 풀려 갔다.

• 장애인, 노숙자, 청소년 등의 자립과 사회 통합을 위해 소규모 시설에서 공동으로 생활할 수 있게 하는 제도. 또는 그런 시설. 월요일부터 금요일까지 운영하는 경우가 많다.

바로 영석이와 그룹홈 면접을 갔다. 교회에서 운영하는 복지관 그룹홈이었다. 보통 교회 또는 복지관을 오래 다닌 사람에게 기회가 먼저 돌아가는데 영석이를 위해 특별히 자리를 내어 주셨다. 당당히 면접을 통과하고, 일주일간의 그룹홈 체험 후 입소가 결정됐다.

영석이 아버지와 형들은 영석이의 그룹홈 입소를 반대했다. 이용료가 아깝다는 것이었다. 어머니만은 반대하지 않으셨다. 영석이를 보내는 마음이야 아쉽지만 매일같이 형들에게 맞고 혼나 주눅 드는 모습이 안쓰러우니 꼭 독립을 시켜 달라고 하셨다.

이런 과정 속에서 나도 고민이 됐다. 내가 생각하는 최선이 영석이에게도 최선인가? 나로서도 굉장히 고민을 많이 하고 있지만, 결국 영석이의 마음을 읽어야 한다. 형들의 눈치를 보며 살아온 영석이는 가족에게 자기 생각을 말하고 표현하는 게 어렵다. 이런 고민이 있을 때 어떻게 하면 좋을지 전문가의 의견을 구할 수 있는 사례 회의라는 게 있다. 전문 기관에 사례 회의를 요청하니 다행히 전문가들도 그룹홈 입소에 힘을 실어 줬다. 영석이의 작은 독립은 이런 과정을 거쳐서 진행됐다.

나중에 알게 된 사실인데, 독립하겠다고 가족에게 처음 말한 날, 영석이는 불같이 화내는 아버지와 형들로부터 집에서 쫓겨났다고 한다. 그런데도 내가 걱정할까 봐 말하지 않았다고 한다.

누가 더 못생겼나

그룹홈이 이사를 했다. 금요일이라 집에 가야 하는데 길이 낯설어 근처 지하철역까지 가는 길을 모르겠다며 전화가 왔다. 주소를 받아서 지도를 검색해 봤다. 그룹홈에서 지하철역까지 14분이 걸리는 골목길이다. 잠깐의 고민 후, 지도 앱을 켜고 영상 통화로 길을 알려 줬다. 서로 못생겼다고 놀리고 웃느라 다 찾은 길을 잃을 뻔했다. 집에는 무사히 들어갔다. 세상이 좋아졌네. 좋은 세상 덕분에 해결됐다.

그리곤 월요일 오후, 영석이와 만나 지하철역에서 그룹홈까지 찾아가는 연습을 하기로 했다. 나는 미리 연습해 길을 마스터했다. 저녁밥을 함께 먹고 그룹홈까지 걸어갔다. 영석이도 길을 금방 기억해 냈다. 전보다 출퇴근하기 더 좋아졌네. 도란도란 이야기를 나누며 그룹홈에 도착했다. 아쉽지만 인사를 나누고 돌아서려는데 영석이가 나를 부른다.

"선생님."

"응?"

"이거 가방 무거워요. 3층까지 올려 줘야지요."

고맙다고 말했으면 울컥했을 텐데. 안 그래 줘서 고마워.

독립의 기준

요즘 탈시설, 자립, 독립이 이슈다. 누구나 독립해서 사는 게 당연한데 장애 당사자에게는 이제야 이런 것들이 이슈라 하니 좀 씁쓸하기까지 하다. 근데 왜 우리는 독립하고자 하는 당사자들에게 지나칠 정도로 많은 걸 준비하라고 하는 걸까?

"밥할 줄 알아요?"

"빨래할 줄 알아요?"

"청소할 줄 알아요?"

못 하면 안 되니 이걸 또 배우고 익히라고 한다. 누구나 처음부터 밥하고 청소하고 빨래할 수 있어서 독립하는 건 아니다. 다 실수도 하고 연습도 하면서 익히고 익숙해진다. 배워 나가는 거다. 그리고 요즘은 스스로 모든 걸 할 수 있느냐가 아니라 독립을 위해 어떤 지원이 있고, 필요한 지원을 어떻게 받을 수 있느냐가 더 중요하다. 스스로 모든 걸 할 수 있어야 한다는 이 잘못된 기준은 누구를 위한 기준일까?

쉽지 않은 자산 관리

영석이는 이제 한 달에 100만 원 정도의 월급과 약간의 장애인연금을 받는다. 그룹홈 생활을 하면서 독립을 위한 생활 기술도 익히고 있다. 앞으로 5년 정도 지나면 영석이는 진짜 독립을 할 거다. 더 커다란 동기가 생겼다. 한 달 동안 번 돈을 잘 사용하고 관리를 해야 하는데 영석이에게는 어려운 일이라 전문 기관에 의뢰했다.

신탁기관• 담당자와 협의해 한 달 동안 사용할 용돈과 저금할 돈을 계산해서 신탁을 체결했다. 나도 영석이의 지원자로서 서명했다. 통장에 있던 돈을 신탁통장으로 보내고 앞으로 받을 월급도 신탁통장으로 보내기로 했다. 그러면 기관에서 매주 월요일에 일주일의 생활비를 영석이의 다른 통장으로 보내 준다. 남은 월급으로 그룹홈 이용료와 통신비를 내고, 나머지는 저금하기로 했다.

• 신탁의사결정지원센터. 발달장애인의 재산을 종합적으로 관리하는 서비스를 제공한다.

영석이의 한 해 목표는 취업 그리고 독립이었다. 영석이는 차근차근 본인의 목표를 이뤄 가고 있었다. 작은 것도 조심스러워 하나하나 함께 고민하며 세운 영석이의 목표는 어느새 나의 목표가 됐다. 영석이의 취업과 독립은 영석이의 노력과 주변 사람들의 도움으로 무사히 이뤄지고 있다. 세상은 아직 따뜻한 듯.

평생 직장을 만났다

교사에게는 여름방학과 겨울방학이 있다. 그러나 나는 일복이 많아서 여름방학에도 계속 근무와 수업을 한다. 그래서 겨울방학에는 되도록 쉬려고 노력을 하는데, 영석이는 이런 날 가만두지 않는다. 하루가 멀다 하고 영석이를 만났다. 만나지 않는 날엔 나도 괜히 허전해 영석이가 일하는 카페 근처에 가서 몰래 구경하거나 했다. 우연히 만난 척하고 같이 점심을 먹을 때도 있었다. 이래저래 치면 거의 매일 만난 셈이다. 영석이 덕분에 이틀에 한 번은 교사로 사는 것 같아 심심하지 않다. 소소하게 재미지다.

이번에도 우연을 가장해 같이 밥을 먹었다. '용돈은 어떻게 쓰는 게 좋은가'라는 주제가 어느새 연애와 결혼으로 이어졌다. 연애 얘기는 늘 즐거운 것인가. 대화하며 한참을 웃었다. 예전 일이라 기억이 안 나지만 그래도 먼저 태어나서 먼저 경험해 봤다고 해 줄 말은 있더라. 경험을 나누는 게 선생의 역할인 듯하다. 이럴 줄 알았으면 많은 얘기를 해주기 위해 연애를 많이 해 볼걸 그랬다.

*

얼마 전 일이다. 그제는 깜빡하고 돈을 가져오지 않아 늦도록 빈속으로 일하고 집에 가서 밥을 먹었다고 한다. 대표님께서 돈을 빌려준다고 했는데도 누군가에게 피해를 준다고 생각해서 빌리지 않았다고 했다. 그 생각이 나서 만나서 같이 밥을 먹었다. 사 줄 테니 먹고 싶은 거 먹으라고 했는데도 기어이 각자 내서 먹겠단다. 기특하다. 그새 생각이 깊어졌다. 그제와 같은 상황에서 누군가에게 돈을 빌리는 건 피해를 주는 게 아니다, 누구에게나 있을 수 있는 일이다, 장황하게 얘기하는데 영석이가 대뜸 씩 웃으며 말한다.

"쌤, 저 여기서 죽을 때까지 일하고 싶어요."

영석이를 위해 이렇게 저렇게 알아보면서도 늘 마지막 순간에는 '이게 옳은 것인가' 하는 고민이 들지만 그래도 이렇게 취업 고민은 해결된 것 같다. 기분이 좋다. 아이들과 함께하는 시간은 늘 즐겁지만, 이 말을 들은 순간만큼은 희열이 느껴질 만큼 행복했다.

작은 독립의 시작

신탁 체결 후, 스스로 용돈을 잘 쓰길 바라며 한동안 지켜만 봤다. 평소에 돈이 생기면 후다닥 군것질을 해 버렸던 터라 어느 정도 예상은 하고 있었지만 관리가 어려운 모양이었다. 통장 정리를 해 보니 하루에 서너 번 군것질을 했다. 심지어 형이 25만 원을 인출해 갔다. 형에게 전화를 해 다시 입금을 하게 했다. 다시는 이런 일이 없도록 하자고 약속했다. 한 번에 제대로 하기는 힘들겠지만, 금방금방 잘하니까.

사실 영석이 통장은 내가 가지고 있다. 물론 이 통장으로 입출금은 할 수 없다. 영석이의 동의하에 세 달만 내가 보관하기로 했다. 영석이의 돈 관리가 어느 정도 안정화되면 돌려줄 생각이다.

*

저녁 8시가 넘어 전화가 왔다. 좀처럼 먼저 걸지

않는 영석인데 걱정이 앞서 벨이 울리자마자 통화 버튼을 눌렀다.

"선생님, 저 3천 원밖에 없어요."

"카드 있잖아. 카드로 돈 찾아서 써~ 그리고 웬만하면 현금 말고 체크카드 쓰고."

신탁을 체결하면서 카드 쓰는 법을 몇 번이나 알려 줬었다. 잘할 줄 알았는데 누구든 처음은 어렵고 힘든가 보다. 직업재능개발센터(영석이의 취업과 관련된 지원을 해 주는 기관)에 연락해서 현금 찾는 것과 카드 결제 방법을 한 번 더 교육해 달라고 부탁드렸다. 흔쾌히 해 주신다고 하니 너무 감사하다. 나도 조만간 만나서 한 번 더 지도해 봐야겠다.

아, 그리고 드디어 세대 분리를 했다. 주소지 이전과 퇴거. 후견인• 지정도 담당자와 통화 후 집사님이 직접 영석이 가족의 후견인이 되어 지원이 체계적으로 계속 이뤄질 수 있도록 했다.

사실 집사님은 좋은 마음에서 하신다지만, 그동안 생계가 넉넉하지 않아 베이비시터 일을 계속 해 오셨다. 어차피 하시는 거 어느 정도의 지원금을 받으

• 우리나라에는 의사 결정 지원이 필요한 발달장애인을 위한 공공후견지원제도가 있다. 후견인은 발달장애인의 재산 관리, 신상 보호 등을 지원하며 소정의 활동비를 받는다.

시면 집사님에게도 도움이 되니 좋은 관계가 더 오랫동안 지속되리라 생각했다. 주변에 도와주는 분이 많은 걸 보니 영석이 앞날에 좋은 일만 가득할 것 같다.

영석아. 작은 독립의 시작을 축하해. 앞으로 펼쳐질 너의 모든 인생을 응원하고 지지해.

이불 각과 배려

갑자기 전화를 해서,

"선생님, 이불 각지게 잘 정리해야 하는 거예요?"

"자고 일어나서 말이야?"

"네."

"그럼. 자고 일어나면 잠자리 정리는 해야지. 여태 편하게 뒀구나?"

"근데, 이불 각지게 정리하라고 얘기하는 게 교육이에요?"

가족 중에 누군가가 이불 정리하는 법을 알려 준 적이 없었나 보다. 독립 전 단계로 이렇게 그룹홈 생활을 하니 작은 것들을 배우며 스스로 준비를 해 나간다. 근데 왜 교육이라는 말을 썼을까? 같이 생활하는 그룹홈 지도 선생님이 좀 예민한 분이라, "이불 정리하라고 하는 것도 교육이에요!"라며 혼낸 걸까? 걱정어린 마음에 물어봤다.

"왜, 누가 혼냈어?"

"아니요, 그냥. '어떤' 선생님이 그렇게 말해서요."

아마 혼났을 텐데도, 그 선생님 이름도 뻔히 알 텐데도 이렇게 말하지 않는 배려를 한다. 기특하네. 점점 성장하는 모습이 멋지다. 오늘은 영석이 생활에 도움이 되고자 하는 마음에 10년 정도 참여하고 있는 연구회에 장학금을 신청했다. 어려운 시기에도 열심히 성장하는 녀석 덕분에, 코로나19로 인해 아이들 없는 학교생활의 섭섭함이 조금은 덜어진다.

힘들이지 않고도, 힘들지 않게

영석이도 졸업을 했다. 교실 문을 나서며 한번 안아 보자 하니 덥석 안겼다. 괜히 마음이 울컥하더라. 마음씨 착한 영석이는 여전히 그룹홈에서 잘 적응하며 지내고 있다. 이제 한 달에 제법 많은 돈을 저금하며 미래를 준비 중이다.

영석이를 위해 힘써 주신 많은 분 덕분에 영석이는 이제 출근하고, 일하고, 동료들과 사귀고, 퇴근하고, 집에 가서 저녁을 해 먹는다. 너무나 일상적인 것들을 왜 이리 어렵게 가야 하는 건가 싶어 1년 내내 화도 났지만 어느새 부쩍 자라난 이 녀석을 보면 정말 감사하고 감사하다. 이제 영석이에게서 한걸음 물러나 보려 한다. 영석이가 연애도 하고 결혼도 하고 그랬으면 좋겠다. 다 그냥, 막 아무렇지 않게 다 같이 평범하게 살면 좋겠다. 힘들이지 않고도, 힘들지 않게.

고맙습니다. 그동안 많은 조언과 지원 아낌없이 주신 모든 분께.

선생님, 보고 싶어요

요즘 핸드폰을 새로 사더니 자주 전화를 한다. 어제는 전화를 해서는 대뜸,

"선생님. 보고 싶어요."

그러길래 뭐라고 대답할까 고민하다가,

"그래, 나도…"

하고 다음 말을 이어 가려는데,

"아니, 선생님 말고 영준이요."

한다. 좋다 말았네. 그래도 솔직해서 좋아. 다음엔 확실히 문장을 만들어서 얘기해 줘. 오해 없도록. 그래도 나는 니가 보고 싶구나, 영석아.

형 대신 후견인

후견인에게 활동비로 나오는 월 15만 원의 돈을 영석이의 독립을 위해 쓰면 좋겠다는 생각에 후견인 신청을 했다. 이미 후견인 역할을 하고 있으니 크게 달라질 건 없다. 활동비 15만 원으로 영석이에게 지정 후원을 신청했다. 주변의 많은 사람이 내가 영석이의 후견인이 되는 걸 바라고 지지해 주셨다.

영석이는 졸업해 학교를 떠났지만 이제 후견인이라는 법적 연결 고리가 생겨났다. 마음 같아선 내 동생으로 데려오고 싶지만 영석이를 끔찍이 아끼는 어머니께서 싫어하시겠지? 영석이가 다음 생에 내 동생으로 태어나면 좋겠다.

잘해 보자, 영석아. 후견인으로서 최선을 다할게.

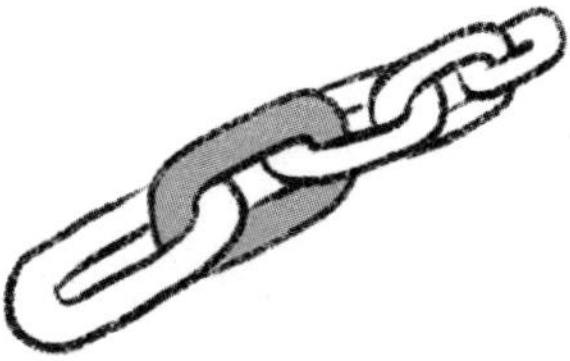

지원 체계

주민센터나 구청에 가 보면 장애인 지원 안내서가 가득하다. 이렇게나 많은 지원이 있었나 할 만큼 빼곡하게 적혀 있지만, 장애 당사자들이 이걸 보고 정확하고 확실하게 지원받을 수 있을까? 관심을 갖고 봐도 어려운 용어와 지원 절차들로 가득하다. 그리고 지원 대상인지 아닌지 확인하는 것도 쉽지 않다.

게다가 담당자에게 물어보면 모르는 경우도 많다. 한번은 그룹홈 비용 지원을 물어보니 "그룹홈이 뭔가요?"라는 질문이 돌아왔던 적도 있다. 또, 주민센터로 후견인 지정 절차를 확인하러 갔는데 문의하니까 갑자기 바빠지더라. 서로 몰라서 여기저기로 공을 떠넘기며 그게 맞네 아니네 하며 한 시간을 끈 적이 있었다. 이미 정해진 내용을 확인하러 간 것인데…. 담당자는 "이게 언제 바뀌었지?"라고 웃어넘길 뿐이다.

주민센터는 구청으로 물어보고 구청은 다시 주민센터에 물어보고, 결국은 지정협회의 담당자에게 전화를 걸어 바꿔 주니 다시 처음부터 똑같은 과정을 반복하는 모습에 화가 났던 적도 있다. 이런 얘기를 회의 자리에서 만난 구청 장애인복지과장에게 얘기하니 그럴 수 있다고 한다.

왜 그럴 수 있지? 최소한 있는 정보는 잘 알고 있어야 하지 않을까?

근데 이게 문제가 아니다. 아니지, 이것도 문제지만 가장 기본적인 문제는 우리나라 복지제도가 직접 지원 체계가 아니라는 것이다. 당사자가 요구해야 지원된다. 사안 예방이 아니라 사안 발생 후 해결 위주라는 것이다. 소 잃고 외양간을 고치면 무엇하리. 아니 잃을 소가 있는지 없는지도 알 수 없으니 잃을 것도, 얻을 것도 없겠다. 사각지대에 놓인 이들을 적극적으로 지원해 주는 체계적인 관리 집단이 없다. 우리나라는 복지국가라고 하지만 장애 당사자에게는 복지국가의 지원을 받기 위해 넘어야 할 정보의 벽이 너무나 크다.

수원

내 교직생활에서
다시 못 볼,
다시 봐선 안 될
아주 나쁜…

이름	이수원
학년	고등학교 2학년
가족	엄마, 아빠, 여동생
좋아하는 것	친구, 가족, 여행
잘하는 것	음악에 맞춰 춤추기
꿈	바리스타
생활신조	인생은 즐겁게!
강점	늘 긍정적이고 흥이 많고 적극적이다.
특징	긍정적이지만 사춘기 반항아

아픈 손가락

수원이는 다운증후군을 가진 아이다. 150센티미터 정도의 키에 흥이 많고 장난을 잘 친다. 의사소통이 아주 원활하진 않지만 자신에게 필요한 얘기는 잘하는 편이라 학교생활을 하는 데 크게 어려움이 없었다. 고등학교 1학년까지는 말이다.

고등학교에서 가장 즐거운 기억으로 남아야 할 수학여행(지금은 소규모 테마형 교육여행이라고 부른다.)이 수원이와 수원이 가족에겐 기나긴 싸움과 아픔의 시작이 됐다. 내 교직생활에서 다시 못 볼, 다시 봐선 안 될 아주 나쁜 학교 폭력으로 기억된다.

수학여행 같이 가요

고등학교 시절에 가장 기억에 남는 일은 뭘까? 누구나 여러 기억이 있겠지만, 다 함께 공유하며 떠올릴 수 있는 일은 수학여행이 아닐까 한다.

아직 우리 아이들이 함께 수학여행에 가는 걸 꺼리는 일반교사도 있지만 모두가 누리고 꿈꾸는, 인생에 있어 단 한 번뿐인 수학여행을 우리 아이들이라고 못 가게 할 순 없다. 당시 특수학급 아이들은 여덟 명이었다. 이 중 여섯 명은 간다고 했지만 두 명은 가지 않겠다고 했다. 한 명은 지하철 천재 민권이, 다른 한 명은 수원이었다. 민권이는 가족끼리 일본 여행을 가기로 했었다. 수원이 어머니께 전화를 했다.

"어머니, 수원이가 수학여행을 가고 싶어 할 거예요. 모두가 가는 한 번뿐인 여행인데 같이 가는 게 어떨까요?"

"가지 않겠다 하면 다들 잘 생각했다고 말씀하시던데, 이렇게 가자고 해 주셔서 너무 감사하지만 수원이는 누가 도와주지 않으면 생활이 어려우니 가지 않을게요."

'손이 많이 간다'는 이유로 장애학생과 함께 가기를 꺼리는 선생님과 아이들이 종종 있다. 이걸 아시는 어머님은 혹시나 같이 갔다가 미움받을까 싶어 학창 시절 내내 학교에서 가는 여행을 보내지 않았던 모양이었다. 당장 큰 문제는 대변 처리라고 하셨다. 화장실에 가서 대변을 본 후 속옷을 갈아입고 자기 전에 꼭 잘 씻어야 한다는 것이다. 이 학교로 오기 전 특수학교에서 5년 동안 하루에 몇 번씩 아이들의 대소변을 처리했던 나였기에,

"어머니, 그런 건 일도 아니니 무조건 갑시다! 이번에 꼭 한번 가 봅시다!"

그렇게 수원이는 수학여행을 떠나게 됐다.

짝꿍

공항에서 수원이를 만났다. 자기만 한 가방을 메고 왔다. 가방에는 속옷과 여벌 옷이 가득 있었다. 2박 3일 일정인데 일주일 치는 있는 듯했다. 나는 수학여행 동안 수원이네 반을 지원하기로 했다. 수원이가 여행 과정에서 이탈되지 않고 잘 어울려 지낼 수 있도록 하는 게 내 목표였다.

무사히 제주도에 도착한 후 수원이네 반 버스를 타고 여행 일정을 소화하기 시작했다. 통합학급이다 보니 좋은친구•에게 수원이와 동행하게끔 부탁했는데 옆에서 지켜보니 좋은친구가 수원이를 챙기느라 수학여행을 즐기지 못하는 것 같았다. 그 친구도 일생에 한 번뿐인 고등학교 수학여행인데, 친한 친구들과 다니지 못하는 모습이 못내 안타까워 오후부터는 내가 수원이의 짝꿍이 되기로 했다. 식사 시간에만 좋은친구와 함께 식

• 장애학생이 학급생활에 적응할 수 있도록 돕는 비장애학생. 봉사 시간을 받는다.

사하기로 하고 나머지 시간은 대부분 나와 함께 했다. 짝꿍이 되고 나니 오히려 편했다. 수원이도 일정에 쫓기거나 친구들의 눈치를 보지 않으니 좋았고, 나도 수원이 주변에서 계속 어슬렁거리며 지켜보는 것보다 같이 서로 이야기하며 다니는 게 편했다.

첫날이 다 가고 잘 시간이 됐다. 나 혼자 쓰는 방에 수원이를 포함해 우리 아이들이 너도나도 베개를 들고 왔다. 내가 좋아서 나랑 자러 왔다고는 하지만 비장애학생들과 함께 지내는 모든 순간이 편하지는 않았을 터. 아이들은 침대에 누워 너나 할 것 없이 오늘 있었던 일들을 쏟아 낸다. 마음 편한 친구에게 건네는 아이들의 따뜻한 언어의 온도는 그날 몹시도 추웠던 제주도 바닷바람마저 포근한 온기를 품게 했다. 아이들에게 밀려 찬 바닥에서 잤지만 침대 위에서 들려오는 희희낙락한 대화에 취해 기분 좋은 밤을 보냈다.

사건의 시작

아이들은 제주도의 풍광보다 제주도의 식당을 더 좋아했다. 다음 이동 장소를 설명할 때 식사를 하러 간다고 하면 늘 환호성을 질렀다. 나도 풍광보다는 식당이 좋았다. 바닥을 뒹구는 흙돼지보다는 불판 위의 흙돼지가 좋았고 온갖 푸르른 식물보다는 하얀 쌀밥 위의 오색나물이 좋았다. 수원이도 그랬을까?

식사 시간만큼은 같은 반 친구들과 먹게끔 했다. 선생님들과 먼저 식사를 하고 나서 수원이가 어디에 있나 보는데 식사 대기 줄에서 누군가에게 심한 욕을 하고 있는 학생을 발견했다. 읊조리듯 작은 목소리였지만 입 모양을 통해 욕이 선명하게 읽혔다. 일상생활에서는 들을 수 없는, 군필자들만 알 법한 그런 무식한 욕들. 적잖이 충격을 받았다. 욕하는 아이의 시선을 따라가는데 그 끝에 수원이가 있었다. 그 욕은 식사 차례가 오고 나서야 비로소 끝이 났다.

수학여행 이튿날 점심시간의 그 모습은 그날 저녁

에도, 다음 날 아침에도 여전했다. 증거가 충분하니 담임 선생님에게 확인하는 수밖에. 본 대로 이야기하고 나서 그 아이들이 어떤 아이들인지 물어봤다. 뜻밖에도 그 친구들은 1학년 때부터 수원이를 잘 챙겨 오고 있는 아이들이란다. 담임 선생님은 그 아이들이 그럴 리 없지만 주의 깊게 지켜보겠다고 했다. 그렇게 찝찝하게 수학여행은 끝이 났다.

사건의 내막

수학여행이 끝나고 2주 정도 지났을 무렵 수원이 담임 선생님에게 메시지가 왔다.

"아무래도 선생님이 본 게 사실 같아요. 좀 더 확인한 후에 한번 이야기 나눠요."

사건의 내막은 이랬다. 수원이를 두고 두어 명의 아이들이 쉬는 시간에 괴롭히기 시작했단다. 수원이가 제대로 반응하지 못하는 점을 재미 삼아 괴롭히며 시시덕거렸다. 정확하게 의사 표현하기 어려운 수원이는 가까운 사람에게도 이 사실을 알리지 못했다. 그저 행동이 점점 날카로워졌을 뿐이었다. 가족은 수원이에게 사춘기가 왔다고 생각했다.

가해 학생들은 점점 더 가혹하게 괴롭혔다. 다른 반 학생까지 와서 수원이를 괴롭혔다. 수원이는 이 악몽 같은 공간을 벗어나기 위해 수업 종료종이 울리면 뛰쳐나오려 했지만 수원이 주변으로 벽을 친 가해 학생들로 인해 벗어날 수 없었다. 이런 일이 몇 달이나 계속됐지만 발각되지 않았던 건 망을 보는 아이가 있었기 때문이었다. 이로 인해 모든 도움의 손길은 끊기게 됐다. 다행히 이를 지켜보며 제지하지 못함에 양심의 가책을 느낀 한 친구가 담임 선생님에게 사실을 밝혔다. 그제야 수원이는 지옥에서 벗어날 수 있었다. 하지만 이게 또 다른 지옥의 시작이었을지 누가 알았을까.

무기명으로 의견 진술을 받았다. 아이들은 본 대로 느낀 대로 적었다. 그 진술서를 읽으면서 나는 분노했다. 가해 학생들은 학생이 아닌 범죄자 같았고, 상대의 약점을 잡아 계속해서 괴롭히는 그냥 쓰레기 같았다. 학교 폭력으로 접수된 이 사안은 절차에 따라 진행됐다. 참 웃기는 건 이 사건의 주요 가해자 두 명이 수원이의 가족과 몹시 친밀한 가족의 자녀들이었다는 거다. 처음에는 잘 해결될 것 같았지만 시간이 지나며 사건이 산으로 가기 시작했다. 가해자들은 대학 입시에 불리한 요소를 남기지 않기 위해 처음에는 일부 시인하던 것들도 나중에는 그런 적이 없다고 말했다. 심지어 더 지나서는 수원이가 먼저 그랬다고 주장했다.

수원이의 부모님도 진심 어린 사과만 받으면 끝내려고 했지만, 학교의 소극적인 자세와 가해자의 어이없는 행태에 분노하기 시작했다. 학교는 사안을 최소화하려 했고, 가해자는 가해자가 되지 않으려고 했다. 변호사들을 대동한 각 집단은 사건의 해결보다는 자신들의 입장만을 강조했다. 사건 결과에 대한 서로의 불복이 반복되면서 해결이 끝이 보이지 않았다.

가해자는 이미 졸업했고 학교는 계속된 가해자의 소송에 변호하기 급급했다. 나도 계속 경찰서를 드나들었다. 결국, 수원이 부모님이 이해하고 용서했다. 2년이 넘게 걸린 사건이었다. 근데 이렇게 허무하게 끝날 줄은 몰랐다. 나는 용서하지 않고 끝까지 저 아이들을 벌했으면 했다. 자신의 잘못을 인정하지 않고 약한 사람을 괴롭히는 저 아이들이 이 사건으로 아무것도 배우지 못한다면 사회에 나가서도 똑같은 인물이 되리라 생각했기 때문이다. 결국 서로에게 상처만 남겼다.

아직도 수원이를 생각하면 마음이 아프다.

새로운 의미의 여행

사건이 진행되면서 수원이는 정신과 치료를 시작했다. 약물 치료와 함께 트라우마에서 벗어날 수 있게 모두가 노력했다. 가해자들은 다른 반으로 보냈다. 수원이는 잃었던 웃음을 조금씩 되찾기 시작했다. 수원이에게 고등학교 시절은 어떻게 기억될까. 수원이에게 나쁜 기억을 남긴 것 같아 죄책감이 든다. 부모님과 상담할 때 수원이의 행동을 사춘기로만 쉽게 생각했던 내가 아직도 원망스럽다. 한 번 더 생각하고 한 번 더 의심했더라면 수원이를 더 일찍 그 지옥 같은 시간에서 벗어나게 도와줄 수 있지 않았을까. 아이의 변화를 아이의 입장에서 생각하고 면밀히 살펴야 함을 배웠다.

졸업한 지 꽤 지났지만 지금도 수원이가 있는 훈련기관을 자주 찾아가 주변 선생님들께 수원이를 부탁한다. 다행스럽게도 가끔 오는 어머니의 안부 문자에 수원이의 안정된 삶이 엿보인다. 지금은 주변의 모든 분이 수원이를 친절하고 상냥하게 대한다. 이제라도 수원이 인생에서 새로운 의미의 여행이 시작됐으면 좋겠다.

학교 폭력이 발생하면 가장 중요한 것은 진술이다. 학교는 이 진술을 토대로 사건을 살펴보기 때문에 사건의 진술은 사건 해결의 시작이자 중심이다. 그렇지만 우리 아이들이 피해자일 경우, 당사자의 진술 확보에 어려움이 많다. 일관되고 정확한 진술이 어렵고 진술을 번복하는 경우가 많아 아이의 진술만으로 가해자를 지목하고 처벌하기가 쉽지 않다. 진술을 녹음하고 여러 번 들어가며 진술의 일관성을 찾기 위해 노력해야 한다.

수원이의 경우에도 그랬다. 반 아이들의 이름을 정확히 말하지 못했고, 상황에 대한 설명이 어려웠기에 학생 명렬표의 사진을 보여 주며 괴롭힌 아이들을 지목하게 했다. 수원이는 지목했다 말았다를 반복했다. 도움을 준 친구를 지목하기도 했다. 수원이가 이렇게 상황을 잘 설명하지 못하고 피해당했을 때 신고하지 못할 걸 알고 긴 시간을 괴롭혔으리라. 결국 피해자의 진술 확보가 어려워 같은 반 아이들의 진술서를 바탕으로 사건이 진행됐다. 여러 명의 비장애학생이 한 명의 장애학생을 긴 시간 괴롭힌 사안이라는 점에서 학교에서 적극적으로 가해자를 찾으려고 했다면 이 사건이 좀 더 잘 해결되지 않았을까

하는 아쉬움이 남는다.

특수교사는 학교에서 우리 아이들이 피해를 보지 않도록 자주 일반학급을 찾아가서 살핀다. 하지만 한계가 있기에 그 반의 좋은친구에게 '지원과 감시'의 역할을 하도록 부탁한다. 우리 아이들을 조금이라도 괴롭히는 느낌이 들면 바로 얘기해서 해결될 수 있도록 말이다. 수원이 같은 경우는 너무 많은 아이들이, 그것도 덩치가 큰 남자 녀석들이 그랬다 보니 좋은친구는 두려워서 얘기하지 못했더랬다. 이래서 CCTV는 특수학급이 아닌 일반학급에 설치돼야 한다는 얘기다. 특수학급에서 우리 아이들 간의 학교 폭력은 거의 일어나지 않고 대부분의 사건이 일반학급에서 일어난다.

반면, 요즘은 우리 아이들이 가해자가 되는 경우도 많다. 도전적 행동을 하는 아이들로 인해 피해를 받는 사안들이나, 성추행 사건들도 일어나고 있다. 이런 사건은 장애학생에게 국한되지 않고 모든 학생 사이에서 일어나고 있는 학교 폭력이다. 하지만 장애를 가졌다는 이유로 처벌을 면할 수는 없다. 가해자가 장애를 가졌다고 용서하고 무조건 이해를 강요한다면 그것 또한 새로운 차별이 된다. 장애학생이 가해자로 신고된다면 장애로 인한 특이사항인 것인지 살펴 심의에 참고하는 게 우선이다.

학교 폭력에서 중요한 건 가해자와 가해자 부모의 진심 어린 사과이기도 하다. 피해를 입은 학생과 학생의 부모에게 반드시 제대로 사과해야 한다. 그리고 이런 일이 재발되지 않도록 다양한 방법으로 노력해야 한다. 학교의 통합교육 상황은 사회의 모습과 같다. 무조건적인 이해가 아닌 사회에서 함께 어우러지는 게 목표다. 비장애학생도 장애학생을 이해하고 공감하며 함께 어려움을 해결하기 위해 노력한다면 이들이 자라서 함께 만들어 갈 사회에 '장애'는 더 이상 존재하지 않을 것이다.

6부

좋은 것도, 나쁜 것도 아닌

장애는 좋은 것도, 나쁜 것도 아니다.
그냥 그 사람의 일부다.
장애는 이해의 대상을 넘어 감정과 요구를 함께 느끼고,
함께 주장하며 해결해 나가는 공감의 대상이다.
누구나 행복을 향해 나아가기 마련이다.
그들이 누구든 함께 도우며 나아가면 된다.
함께하는 것만큼 소중한 건 없을 것이다.

장애 이해 교육

학교에서는 장애 이해 교육을 해야 한다. 학생, 학부모, 교직원을 대상으로 의무적인 사항이다. 근데, 장애는 이해의 대상인가? 과연 우리는 장애를 이해할 수 있을까? 늘 이런 생각을 한다. 당사자가 아니고서야 함부로 '이해하자', '이해했다'라고 할 수 없는 영역 같아서다. 장애 이해 교육은 장애는 이해하기보다는 장애로 인한 불편함을 함께 공유하고, 그 불편함을 해소하기 위해 함께 방법을 찾는 것을 목표로 해야 한다. 장애 당사자도 그저 이해받기보다는 함께 어우러져 살아가기를 바랄 것이다. 함께하는 것만큼 소중한 건 없다.

학교에서는 장애 이해 교육의 하나로 장애 체험을 많이 한다. 휠체어를 타거나, 눈을 가린 후 흰 지팡이를 이용해 길을 걷는 것이다. 왜 이런 체험을 하는 걸까? 이런 체험을 하고 나면 "휠체어 타 보니 불편하고 힘들었어요.", "눈을 가리고 걸어 보니 너무 어려웠어요."라고 이야기한다. 장애를 공감하고 서로를 이해하자는 취지의 장애 체험이 장애를 단순히 불편하고 힘들고 어려운 것으로만 인식하게 만든다.

이런 거 말고 서로의 문화를 함께 나누거나 문제를 함께 해결해 보면 어떨까? 점자가 필요한 곳을 찾아보거나 점자를 직접 만들어 붙이는 활동, 휠체어를 탈 때 불편할 수 있는 환경을 찾아 바꿔 보는 활동 같은 것 말이다. 이미 발생하고 있거나 앞으로 발생할 가능성이 있는 문제점들을 찾아 해결하면서 함께하기 위한 방안을 마련하는 활동은 교내뿐만 아니라 나아가 사회에도 도움이 될 거라 생각된다. 학교에서 또는 어딘가에서 장애 이해 교육으로 장애 체험을 하고 있다면,

"체험하기 싫어요."

라고 당당히 얘기해 주면 좋겠다.

편견

장애라는 단어를 사전에서 찾아보면 매우 부정적인 의미로 해석돼 있다. 우리 사회는 이 부정적인 단어인 '장애'라는 말에 사람 '인'을 붙여 장애인이라 명하고 하나의 집단으로 묶어 바라본다. 장애인을 소수 집단이라고 보통 이야기하는데 대표적인 소수 집단에는 장애인을 포함해 동성애자, 여성, 흑인 등이 있다. 동성애자(동성 간의 사랑을 하는 사람), 여성(성의 측면에서 여자를 이르는 말), 흑인(흑색 인종에 속한 사람)이라는 단어를 사전에 찾아보면 이렇게 해석이 중립적이다. 장애인은 소수 집단 내에서도 차별을 받는다. 그러니 사회에서도 장애 당사자를 향한 편견이 강하다.

처음부터 장애라는 말을 사용하지 않았으면 좋았을 텐데 하는 아쉬운 마음이 든다. 그래도 요즘에는 '지적장애인'이 아닌 '지적장애를 가진 사람'이라고 표현한다. 장애를 그 사람의 전부가 아닌 일부로 보는 시선으로 바뀌어 가고 있기 때문이다. 장애는 좋은 것도, 나쁜 것도 아니다. 그냥 그 사람의 일부라 생각하고 있는 그대로 보면 되는 거다.

명절이나 크리스마스가 되면 종종 텔레비전에 장애를 가진 사람을 다룬 이야기가 방영된다. 근데, 주인공은 따로 있다. 장애를 가진 사람은 늘 어렵게 살거나 도움이 필요한 역할로 나오고 이들을 돕는 사람들, 그러니까 연예인이나 국회의원은 착한 주인공이 된다. 이런 건 '장애인은 불쌍하고 도움을 받아야 하는 존재'라고 시청자들에게 알려 주는 꼴이 된다. 왜 장애는 늘 수혜의 대상이 돼야 할까? 나눔을 행하는 사람과 받는 사람이 정해져 있는 걸까?

일반학교 특수학급에서 직업교육 거점학교를 운영하면서 교내 카페를 운영했다. 우리 아이들의 직업 교육을 위해 점심시간에 교직원을 대상으로 카페를 운영하는 방식이었다. 우리는 카페 수익금을 모아 아이들 이름으로 가정 형편이 어려운 교내 학생들에게 장학금을 전했다. 학교 선생님들도 장학금을 주거나 받는 사람에 대한 편견이 깨지는 뜻깊은 순간이었다고 하셨다. 우리 아이들이 늘 수혜의 대상이 아님을 알려 주고 싶었다. 이 장학금을 받은 아이들이라도 장애에 대한 바른 생각을 가지고 사회에 나가길 바란다.

어떤 결정을 할 때 장애를 가진 것 혹은 가지지 않은 것이 판단의 이유가 되지 않길 바라 본다.

무지개반

나는 초등학교 때 몇 반이었는지 기억이 나지 않는다. 하지만 복도 구석에 있던 무지개반은 기억난다. 저곳은 왜 숫자로 된 반이 아니라 무지개반일까? 궁금했다. 무지개반은 특수학급을 부르는 말이다. 20년도 더 지난 지금도 무지개반이 있다.

유치원의 사랑반, 꿈반, 무지개반… 귀여운 이름이다. 근데 왜 우리 아이들은 상급학교에 진학해서도 유치원에 머물러야 하는 건지 안타깝다. 낙인이 별겐가, 이게 낙인이지. 그냥 학년의 끝 반으로 해 주거나, 생활지원반, 아니면 그냥 특수학급으로 해 주든가. 그것도 아니면 유치원처럼 전부 빨강반, 주황반, 노랑반, 초록반, 파랑반, 남색반, 보라반이라고 부르든지. 그렇게 하면 무지개반은 왠지 어우러져서 통합이 잘될 것 같기도 하네요.

우리도 대학생

요즘 우리 아이들은 졸업 후 대학에 많이 간다. 물론 스카이(SKY) 같은 곳은 아니지만, 나름의 명문대가 있다. 발달장애 학생들에게 서울대라 불리는 나사렛대학교는 인가대학으로 졸업 후 대학 학사 자격이 주어진다. 한때 이곳에 보내기 위해 강남권에 과외 열풍이 일기도 했다. 그렇다고 이곳에 가는 우리 아이들이 모두 행복하다고 할 수는 없다. 부모들의 기대로 시작되는 대학 진학은 아이들에게 긍정적인 효과만큼이나 부정적인 효과도 있다.

전국에 많은 대학이 있는 것처럼 발달장애계에도 많은 대학이 있다. 아이들의 대학 진학률 증가에 발맞춰 비인가 형태의 대학이 많이 생겨나면서 대학 시장도 점점 커지고 있다. 하지만 대학에서 무엇을 가르치는지, 가르치는 내용이 전문적인지 등을 잘 살펴봐야 한다. 비인가라고 해서 교육비가 저렴한 것도 아니다. 월 단위로 교육비, 식비, 차량 이용비 등을 합하면 일반대학의 등록금과 비슷하다.

그리고 졸업 후 아이들의 진로도 함께 고민해 봐야 한다. 이미 그 대학교를 졸업한 아이들이 어떤 활동을 하고 있는지 잘 살펴보면 좋다. 별다른 소득 없이 배우는 기간을 연장하는 의미로만 대학을 다닌다면 그 시간만큼 직업 경험을 할 수 없게 된다. 이는 장애인을 고용하는 입장에서 보면 단점이니 대학에서 보낸 시간이 마이너스가 될 수도 있는 것이다.

대학에 진학하는 발달장애 학생은 졸업을 하면 다시 고등학교 졸업 때와 똑같은 고민을 하게 된다. 지금 대학은 자녀의 대학 진학을 원하는 부모들의 요구에 맞춰 발 빠르게 대처하며 성장했기 때문에 내실 있는 교육이라고 하기엔 부족해 보인다. 양적인 충족이 어느 정도 이뤄지고 있으니 이제 질적인 충족이 이루어질 때다. 우리 아이들이 대학에서 직업적 능력을 제대로 기를 수 있다면 아이들의 대학생활은 더 나은 취업과 미래를 위한 소중한 발돋움이 될 것이다.

장애인의 날

4월 20일은 장애인의 날이다.

4월 20일이 장애인의 날이라는 사실을 아는 사람은 극히 드물 거다. 빨간 날, 즉 쉬는 날이 아니기에 더욱 그렇다. 장애인의 날은 1991년 법정기념일로 공식 지정돼 지금까지 이어져 오고 있다. 근데 여기서 한 가지 생각해 볼 문제는 장애인의 날이 '장애인을 위한 날인가?'이다. 얼핏 단어로만 보면 이날은 분명 장애인을 위한 날이다. 하지만 무엇을 기념하고, 무엇을 기억하란 말인가? 장애는 기념하고 기억해야 할 어떤 대상이 아니다.

'장애인의 날'을 '장애인 차별 철폐의 날'로 명칭을 변경하자고 하는 분위기 속에서, 진정 고민해 봐야 할 문제인 것 같다.

함께하는 세상을 꿈꾸며

방송인 김제동 씨가 어린아이들에게 질문을 던졌다.

"술에 취해 거리에서 소리를 지르거나 노래를 부르는 행동을 뭐라고 할까요? <○○○가> 빈칸에 적어 보세요."

한 아이가 고민을 하다가 질문지에 자신의 생각을 쓴다. 그 어린아이의 답은 '아빠인가'였다.

쉽게 웃고 넘어갈 수 있는 가벼운 얘기일 수도 있지만 편견 속에서 자라난 사람들에게 던지는 날카로운 일침인 듯하다. 누구나 저 질문에 '고성방가'를 생각했겠지만 세상의 편견에 물들지 않은 어린아이는 자신의 경험대로 순수하게 대답한 것이다. 그게 답인 것이다.

어쩌면 이 세상도 장애에 대한 잘못된 편견을 받아들인 기성세대가 새로운 세대에게 일방적으로 그 편견을 주입한 결과물인지도 모른다. 그렇다고 기성세대를 탓할 수도 없는 게 그들 또한 똑같은 방법으로 장애를 받아들였기 때문이다. 하지만 이제 시대는 변하고 있다. 자라나는 아이들이 장애에 대한 자신만의 정직한 개념을 만들 수 있도록 해야 한다. 이 아이들이 시간이 흘러 사회 각층에서 두각을 보이며 진정한 '함께하는 세상'을 만들 수 있을 거라 기대해 본다.

근데, 저 아이는 나와 같은 생각을 했구나. 우리 아빠인 줄.

진짜 배려

길을 가다 수동 휠체어를 타고 오르막을 오르는 사람을 보게 된다면 우리는 어떻게 해야 할까? 모른 척 지나가면 그 사람이 너무 힘들 것 같으니 가만히 가서 휠체어를 밀어 주면 될까?

가만히 길을 가고 있는데 누군가 갑자기 내 등을 밀어 주면 그게 배려일까? 내 마음 편하자고 하는 배려는 나를 위한 배려다. 상대를 도와주는 게 무조건 배려일 수는 없다. 돕기 전에 '도와드릴까요?', '도와드려도 될까요?'라고 묻는 것이 진짜 배려, 상대를 위한 배려가 아닐까?

빨간펜 선생님

누가 검토를 부탁한다며 자료를 보내 왔다. 요지는 너무 엉망이니 대신 욕을 좀 해 달라는 거였다. 장애 공감을 주제로 하는 수업 내용이었다. 첫 장을 읽어 내려가는데 왜 내게 욕을 해 달라는 건지 알았다. 온통 장애의 어려움을 알아보고 이해하기, 장애를 이겨 낸 사례 뭐 이런 거다. 공감을 왜 어려움에서 찾으려는 건지, 언제적 시절의 장애 이해 교육 수준에 머무르고 있는지.

부담 갖지 말라고 했지만 쓸데없는 의무감에 하나씩 써 내려갔다. 쓰다 보니 모든 수업 차시에 대한 지적질이 되었다. 구분을 위해 빨간 펜을 사용했더니 온통 붉은빛이라 남들이 어렵게 만든 자료와 그들의 가슴에 생채기를 낸 것 같아 미안한 마음도 들었다. 그래도 아닌 건 아니니까 지적질 가득한 검토 의견서를 그대로 전달했다. 익명을 부탁하며.

장애인 일자리 창출

장애인 일자리 창출. 얼핏 보면 장애인의 고용을 위한 일인 것 같지만, 자세히 보면 우리가 생각한 것과 좀 다르다. 장애인의 안정적인 고용과 근속을 위해 근로지원인, 직무지도원, 넓게는 활동지원사까지 많은 인력이 생겨 지원되고 있다. 이렇게 생겨난 직책과 지원들은 취업률 향상이라는 긍정적인 영향을 불러왔다. 장애인 당사자의 취업률 향상이 아니라서 아쉽지만 말이다.

이런 직종은 전문성이 있어야 한다. 장애를 가진 사람이 직무를 잘 수행하고 사람들과 소통하고 잘 어울릴 수 있도록 지원할 수 있는 전문성이 필요하다. 그러나 짧은 시간의 연수로도 자격이 주어지는 터라 당사자의 취업과 근속에 큰 도움을 주지 못한다고 평가되고 있다. 전문적인 능력이 하루아침에 생기진 않을 것이다.

일하는 데 어려움이 있다면 직무를 조정하거나 당

사자가 할 수 있도록 도와줘야 하는데 그냥 그 업무를 대신해 주는 경우도 많다고 한다. 그리고 당사자가 주변 사람과 소통하고 잘 어울릴 수 있도록 기회를 만들고 환경을 조성해야 하는데 그렇지 못하는 경우가 많다더라. 이렇게 되면 근로지원인과 직무지도원이 지원되는 기간에는 어떻게든 고용이 유지되겠지만 그 기간이 지나면 아무것도 개선되지 않은 채 그냥 회사를 그만두게 되는 경우가 많다. 결국 장애인 일자리 창출이 아니라 비장애인의 일자리가 창출되는 꼴이 된다.

이런 지원인들의 전문성을 어떻게 키울 수 있을까? 좀 더 구체적이고 상세한 교육과 그에 합당한 처우가 우선돼야 할 테다. 장애인 일자리와 관련된 업무를 오랫동안 해 온 전문가가 투입된다면 모두에게 긍정적인 결과를 도출해 낼 수 있지 않을까?

장애는 개성일까

언제부터 '장애는 개성이다'라는 말이 미덕인 양 사용되고 있다.

장애는 정말, 개성일까?

개성은 다른 사람과 구별되는 개인의 고유한 특성으로, 긍정적인 의미로 사용되고 있다. "저 친구 참 개성 있다.", "그의 작품은 개성이 강해."처럼 개성은 개인의 특징이자 강점이며 긍정적인 부분이다.

장애도 그러할까? 장애는 그 사람의 일부는 맞지만 강점이거나 긍정적인 것은 아니다. 적어도 지금은 말이다. 장애를 그 사람의 전부로 봤던 시기를 지나 개인의 일부로 보고 있지만 강점, 긍정적인 것은 아니니 장애를 '개성'이라고 표현하는 것은 시기상조가 아닐까.

장애에 대한 자부심을 갖자는 말이 이제 나오기 시작했는데, 사실 나는 아이들에게 장애를 긍정적인 것이라 얘기할 자신이 없다. 그러기엔 장애에 대한 편견과 부정적 이미지가 너무 강하기 때문이다.

장애에 대한 바른 인식과 긍정적 이미지가 생겨나 진짜 "장애는 개성이야!"라고 말할 수 있는 날이 오면 좋겠다. 그런 날이 올까?

장애를 향한 신념

장애를 부끄러워하지 않는 신념을 가지고 있는가? 그리고 그 신념을 아이들에게 가르칠 수 있는가? 특수학급에 오기 부끄러워하는 아이들에게 장애는 부끄러운 게 아니라고, 자부심을 가져야 한다고, 장애는 의미 있고 가치 있는 거라고 이야기할 수 있을까? 나는 그렇게 하고 있는가?

장애가 오직 나쁘고 부족한 것이라면 장애라고 명명되는 순간부터, 특수학급에 들어오는 순간부터 특수교육을 받는 것조차 부끄럽고 숨기고 싶은 일이 될 것이다. 이렇게 된다면 특수교육은 실패한 것이 아닌가? 어떻게 생각해요?

요즘 이 고민이 해결되지 않아 고민이 많다.

장애의 유형은 중요한가

장애를 대하는 데 있어서 어떤 유형인지는 그리 중요하지 않다. 오히려 개개인이 가지고 있는 장애의 특성을 이해하고 그에 맞는 서비스나 정당한 편의를 제공하는 게 중요하다. 같은 유형의 장애라도 처한 상황과 원인에 따라 행동특성은 각기 다르게 나타난다. 따라서 먼저 상대를 이해하려는 의사소통을 충분히 하는 게 필요하고, 상호작용하는 과정에서 당사자의 의사를 수시로 확인하고 이해하려는 노력이 필요하다.

장애라는 테두리에 갇혀 그 사람 자체를 바라보지 못하는 건 안타까운 일이다. 특수교육도, 사회복지도 지나치게 장애 유형의 특성에 초점을 맞추고 있다. 장애는 그 사람을 대표하는 것도 아니고, 그 사람의 모든 것도 아니다. 단지 그 사람이 가진 하나의 특성이다. 장애에 대한 편견이나 선입견을 가지고 그 사람을 바라보고 판단하면 안 된다. 장애가 아닌 사람을 먼저 보는 좀 더 유연한 시각과 접근이 필요한 때다. 나부터.

극복이란 말은 마세요

장애를 향한 잘못된 시선이 있다. '동정, 봉사, 극복'의 대상으로 보는 것이다. 특히나 초인적인 노력으로 장애를 극복했다고 하는 어떤 개인의 영웅담은 '너도 저 사람처럼 할 수 있을 거야. 노력해 봐.'라는 잘못된 기대를 요구하게 한다. 유독 장애와 관련해서는 '노력'을 부각해 잘못된 시각을 만든다. 선의 같지만 결국은 장애 극복을 요구하는 사회의 면모인 것이다.

장애는 영속하는 것이다. 극복의 대상이 아니다. 함께 공유하고 공감하는 것이다. 나쁜 것도 아니기에 극복할 대상이 아니고 함께 가야 할 대상이다. 극복하면 그것은 더 이상 장애가 아닌 것이다.

내가 뭐라고

'유튜브 세상 속 장애와 장애 인식 개선을 위한 영상 매체 활용'이란 모니터 보고서를 작성한 적이 있다.

기간: 2020년 1월 1일~2020년 10월 19일

검색어: 장애, 장애인

필터: 정한 기간 동안 조회수 순으로 정렬

위의 조건으로 모니터를 했는데 부정적인 영상이 너무나 많았다.

유튜브라는 매체를 모두가 보고 있지만 자체 필터링 작업이 없기 때문에 잘못된 정보의 영상도 고스란히 업로드되고 있다. 360만의 조회 수를 기록하는 영상이 있다. 이 영상은 뇌병변장애를 가진 여자친구와의 결혼을 반대하는 가족에 대한 갈등을 담고 있다. 장애와 세상의 편견을 두려워하지 않는 두 사람의 따뜻한 마음이 보기 좋은 영상이다.

하지만 자막으로 나온 '장애 탓', '역경 극복' 같은 표현은 장애를 부정적으로 인식하게 만든다. 또한 두 사람의 이야기가 장애에만 집중돼 있는데 대부분의 이야기가 슬프고 감정적이어서 장애와 슬픈 감정이 동일시될 우려가 있다. 이 영상의 많은 조회 수만큼 많은 사람이 시청했기에 그만큼의 시청자는 장애에 대해 부정적인 생각을 했을 것이다.

이 외에도 '잘생겼는데 장애인이라 아깝다'와 같은 표현이나 '장애를 넘은 인간 승리', '장애를 딛고 일어난', '시각장애를 이겨 낸', '자폐성장애는 정상인 수준으로 회복하는 경우가 있다'와 같은 말로 편견을 드러내는 영상도 많았다.

장애 인식 개선을 위한 유튜브 자체의 노력이 필요하다. 장애와 관련된 영상을 모니터하고 유해 내용을 선별하는 전문 기관과 조직이 있으면 좋겠다. 그렇게 된다면 유튜브는 긍정적인 장애 인식을 위한 최고의 매체가 되리라 확신해 본다.

장애 인식 개선 교육을 했다고 하루아침에 장애에 대한 태도와 생각이 바뀌지는 않는다. 당사자의 자립과 사회 통합을 위해 지속적이고 장기적인 교육과 활동이 이뤄져야 한다. 유튜브가 이런 교육과 활동을 도울 양질의 영상 매체의 기반이 된다면, 머지않아 사회에 남아 있는 잘못된 인식의 틀을 충분히 깨어 내리라 기대해 본다. 근데, 내가 뭐라고 이런 얘기를.

- 장애인먼저실천본부의 『2020 모니터 보고서 장애인과 의사소통』 내용 중 일부 발췌 췌췌췌

일반학교와 특수학교, 그리고 통합교육

장애를 가진 아이는 대부분 유치원에서 통합교육을 받는다. 비장애 아이들과 대부분의 시간을 함께 보내고, 따로 수업하는 시간은 많지 않다. 어릴수록 장애에 대한 편견이 없기에 아이들끼리 자연스럽게 소통하며 지낸다. 하지만 학년이 올라갈수록 신체적·정신적 성장의 격차가 커지고 이와 함께 사회의 잘못된 인식이 더해지면 장애에 대한 편견을 갖게 된다.

그래서 부모들은 초등학교에 진학할 때가 되면 큰 고민에 빠진다. 먼저 일반학교에 보낼지 특수학교에 보낼지 고민을 하고, 일반학교에 보낼 경우 일반학급에 보낼지 특수학급에 보낼지 고민을 한다. 다 장단점이 있지만 부모들은 이 선택의 기로에서 여기저기 선배 부모들의 조언을 구하며 심사숙고한다.

특수학교는 장애를 가진 학생들(특수교육대상자)만 다니는 학교로, 분리 교육의 형태를 지닌다. 사회 통합을 추구하는 요즘 시기에 맞지 않는 모습이지만 사실 특수학교가 교육 환경으로 잘 맞는 아이들도 있다. 특수학교는 특수교사로만 구성돼 교육 과정이 운영되므로 아이들 맞춤의 교육 환경과 수업을 제공한다. 뿐만 아니라 등하교 버스와 방과 후 학교, 돌봄학교까지 있으니 부모들의 입장에서 안심이 된다. 보통 초, 중, 고등학교와 전공과까지 함께 운영되고 교내에 직업 교육 시설도 잘 갖춰져 있다.

한편 특수학급은 일반학교 내에 있는 한 개에서 세 개 학급 정도의 별도 학급으로, 비장애학생과 함께 같은 반에서 생활을 하다가 아이의 능력과 수준에 맞는 별도의 교육이 필요할 때 특수학급으로 와서 수업을 받는다. 통합교육 환경에서 자연스럽게 장애에 대한 인식 개선이 이뤄질 수 있다. 일반 초등학교처럼 등하교를 직접하고 원적학급에서 비장애학생과 어울리며 함께 생활한다. 통합교육을 위해 특수교사와 보조 인력이 투입되고 아이가 학교생활에 잘 적응할 수 있게 지원하지만, 말처럼 그리 쉽지는 않다. 여러 문제로 인해 아이와 부모는 상처를 받는다. 이런 상처가 쌓여 아물고 단단해지기도 하지만 너무 쓰라리고 아려서 버티지 못해 특수학교의 문을 두드리는 경우도 많다.

완전통합교육의 형태인 일반학교의 일반학급 배

치는 사실 특수교육 현장에서 이상에 가까운 형태이지만 지원이 부족해 어려움이 많다. 별도의 지원 인력이 없어도 학교생활을 해 나갈 수 있는 아이들, 즉 장애가 경증인 학생이 선택하는 편이다. 가끔 발달장애 학생이 일반학급에 지원하는 경우가 있는데 대부분 다시 특수교육의 현장으로 돌아온다.

완전통합교육을 추구한다면 특수학급이 있는 일반학교의 일반학급으로 가는 걸 권한다. 특수학급에 배치되지 않아도 어려움이 생기면 도와줄 수 있는 특수교사가 있으니 언제라도 도움을 요청할 수 있다. 그리고 특수교사는 이런 학생을 늘 눈여겨보고 있다가 개입이 필요할 때 적극적으로 아이의 학교생활을 돕는다.

어떤 걸 선택하든 장점과 단점은 있다. 단, 선택에 앞서서 부모, 즉 나의 욕심과 혼자만의 생각이 아닌지 한번 고민해 보면 좋을 것 같다. 무엇을 하든 '아이가 진짜 바라는 곳은 어디일까?', '아이에게 가장 좋은 곳은 어디일까?'라는 물음을 먼저 던진다면 아이는 보다 행복한 학교생활을 하게 될 것이다.

- '장애를 가진 학생'과 '특수교육대상자'는 다르지만 이 글에서는 쉬운 이해를 위해 혼용해 사용했다.

15년 차 특수교사와 아이들의 환장하게 행복한 하루들

선생님하고 나는 친하니까

초판 1쇄 발행 ◦ 2021년 11월 5일

초판 4쇄 발행 ◦ 2023년 11월 25일

지은이 ◦ 권용덕

펴낸이 ◦ 백정연

펴낸곳 ◦ 소소한소통

편집 ◦ 신수연

그림 ◦ 권소희

디자인 ◦ 홍사강

출판등록 ◦ 2018년 8월 1일 제2019-000093호

주소 ◦ 서울특별시 영등포구 문래북로 116, 트리플렉스 1504호

전화 ◦ 02-2676-3974

팩스 ◦ 02-2636-3975

이메일 ◦ soso@sosocomm.com

홈페이지 ◦ www.sosocomm.com

ISBN 979-11-91533-05-7 03370